KB043157

아무도 알지 못하는 역사의 뒷이야기

품격을 높이는 세계사

단한권의책

| 차례 |

주류가 아닌 비주류의 역사

참으로 긴 시간의 역사 발굴 작업이 드디어 막바지에 이르렀다. 소위 '서문'이라는 것은 책을 여는 글이지만 책을 내면서 본문보다 서문을 먼저 쓰는 경우는 거의 없다. 이렇게 서문을 쓸 때쯤이면 이 책은 끙끙 머리를 짜내는 모든 과정을 마치고 독자들을 만나기 위해 마지막 화장을 고치는 순간에 와 있게 마련이다.

가장 흥미롭고 놀라우며, 희귀한 세계사를 발굴해 독자들에게 전하기 위해 필자는 3천 년이 넘는 인류 역사의 현장을 구석구석 헤집고 다녔다. TV의 역사 다큐나 드라마, 영화에서 보아왔던 것과 같이 이 책에 엄선되어 실린 역사 이야기는 우리 모두를 흥분의 도가니로 몰아넣을 것이다. 흥미진진한 소설을 읽듯 독자들은 지루할 틈이 없을 것이다.

고대에서 근대에 이르기까지 이 책에는 세계가 잘 모르는 세계사

이야기가 주옥같이 펼쳐져 있다. 기사와 백작, 왕과 왕비, 그들의 후손, 불륜과 로맨스, 피 터지는 싸움, 탐험과 개척 등 인류가 겪어온 모든 흔적을 대변하는 28개의 엑기스가 이 책에 담겨 있다.

이제 당신에게 다가온 이 역사책 속으로 함께 탐험을 떠나보자.

편저자 남원우

1장 ◆ 눈에는 눈, 이에는 이

함무라비 법전

돌에 새긴 법

BC 1780년경 바빌로니아의 왕 함무라비(BC 1810~1750년으로 추정)는 국가 통치를 위해 자신이 만든 281개의 법 조항을 높이 2미터가 넘는 돌기둥에 새겨 넣도록 명령했다. 왕궁의 조각가들은 돌기둥의 가장 윗부분에 왕이 신으로부터 법전을 받는 모습을 새겨 넣었다. 그 아래에는 함무라비 왕이 전하는 메시지를, 그리고 나머지 부분에 1항부터 282항까지(281개 법규인데 왜 282항일까? 그 답은 이 장의 끝에 있다.)의 법조문을 새겨 넣었다. 서문에서 함무라비는 자신을 '지엄한 군주'라 칭하고 사악한 자들을 멸하게 하여 세상에 빛을 비출 것이라고 했다.

이 281개의 조항에는 경제(가격 · 관세 · 무역 · 통상) · 가족법(혼인 · 이혼) · 형사법(폭행 · 절도) · 민법(노예제 · 채무) 관련 규정이 포함되어 있었다. 형벌은 가해자의 신분과 범죄의 정황에 따라 달라졌다. 이 법전의 배경이 된 것은 수세기 동안 문명사회를 이루고 살아온 수메르인의 법체계였다. 현존하는 원전은 셈어(아라비아 반도 주변 지역에서 발생한 언어)에 속하는 아카드어(최초의 셈어라고 간주됨)로 기록되어 있다. 수메르어 판본이 남아 있지는 않지만 이 법전은 한 국가를 넘어 광범위한 지역에서 사용되었다. 셈족과 수메르인의 문화와 전통 체제가 통합되면서 만들어졌다.

속이 후련해지는(?) 법

우리가 흔히 말하는 '눈에는 눈, 이에는 이'라는 표현은 함무라비 법에서 유래되었다. 이 법전에서 몇 가지 조항을 살펴보자.

제6조   신전이나 왕궁의 물건을 훔쳤을 때는 사형에 처한다.
제21조   남의 집에 침입한 자는 그가 들어온 장소에서 죽인 다음에 묻는다.
제195조 아들이 아버지를 때렸을 때는 때린 아들의 손을 자른다.
제196조 다른 사람의 눈을 뽑은 자는 그의 눈도 뽑는다.
제200조 다른 사람의 이를 상하게 했을 때는 상하게 한 자의 이도 상하게 한다.

오늘날의 잣대로 보면 참으로 단순한 처벌 조항들이지만 한편으로는 매우 명료하고, 속이 후련해지기도 한다.

돈 없으면 죽고 돈 있으면 사는 법 •

한편 함무라비 법에서는 같은 죄를 지었어도 신분에 따라 처벌의 수위가 달랐다. 중대한 범죄가 아닌 한, 사회적 지위가 높은 사람은 다른 지위의 사람에 비해 가벼운 처벌을 받았다. 신분이 낮은 하층민은 죗값을 치르기 위해 때로는 목숨을 내놓아야 했다. 함무라비 법제8조를 보면 그러한 사실이 잘 나타나 있다. 8조에서는 가축의 절도에 대해 다루고 있는데, 만일 (사원 등에 있는) 신이 소유한 양을 훔쳤을 때는 훔친 양의 30배에 이르는 액수를 갚아야 했다. 그런데 일반인이 소유한 양을 훔쳤을 때는 10배의 금액을 갚으면 되었다. 재산이 없어 죗값을 치르지 못하는 죄인은 사형에 처해졌다.

함무라비 법전 상부에 새겨진 그림

죄 없는 아들 •

이 외에도 사형에 처해지는 범죄에는 여러 가지가 있었다. 예를 들어 다음과 같은 행위를 했을 때는 목숨을 내놓아야 했다.

· 증거 없이 다른 사람을 범죄자로 모는 행위
· 거짓으로 다른 사람을 범죄자로 모는 행위
· 왕궁의 재산을 훔치는 행위
· 왕궁에서 훔친 장물을 취득하는 행위
· 노예를 훔치는 행위
· 노예가 도망치도록 돕는 행위
· 도망친 노예를 감춰주는 행위
· 강도 행위
· 다른 사람과 결혼할 처녀를 범하는 행위

함무라비 법으로 인해 때로는 아무 죄 없이 세상을 떠나야 하는 억울한 사람이 생겨나기도 했다. 제229조를 보면, 집이 무너져 집 주인이 사망하면 그 집을 지은 자를 사형에 처한다고 되어 있는데, 제230조에는 그보다 더 무서운 내용이 들어 있다.

"집이 무너져 집 주인의 아들이 사망하면 집 지은 자의 아들도 죽인다."

사형의 방법

그러면 사형은 과연 어떤 방법으로 행해졌을까? 대부분의 조항에는 사형 방법에 관한 언급이 없지만 일부 조항에는 그 방법이 구체적으로 적혀 있다. 몇 가지 예를 살펴보자.

- 불륜녀와 불륜남이 그들의 실제 배우자를 살해했을 때는 그 둘 모두를 말뚝에 묶어 찔러 죽인다.
- 불이 난 곳에서 물건을 훔친 자는 그와 똑같은 불 속에 던져 넣는다.
- 성직자가 술집에 가거나 술집을 소유하고 있으면 화형에 치한다.

손과 귀

다음과 같은 경우에는 죄인의 손목을 잘랐다.

- 환자를 치료하는 도중 환자를 죽게 한 의사
- 아버지를 때린 자식
- 자신이 일하는 농장에서 곡식이나 농작물을 훔친 자

그리고 다음의 경우에는 귀를 잘랐다.

- 자신의 주인에게 "당신은 내 주인이 아니다."라고 말한 노예

불륜의 끝 •

고발된 자의 범죄가 입증되지 않으면 그 피고는 강물에 던져졌고, 강에서 떠오르는 여자(대부분의 피고는 여자였다.)는 무죄, 그렇지 않으면 그대로 익사시켰다.

강물에 던져지는 경우의 예를 살펴보자.

- 불륜이 의심되어 남편에 의해 고발되었지만 현장을 들키지 않은 여자
- 특별한 이유 없이 남편과 싸운 후에 남편을 떠나거나 무시한 여자

때로는 강물에 떠 있을 수 없는 상태로 던져지는 경우도 있었다. 예를 들어 몸을 밧줄로 묶어 던지는 경우 등이 그것인데, 다음과 같은 죄인이 그 경우에 해당했다.

- 불륜 현장에서 남편에게 잡힌 여자, 그리고 그 여자와 현장에 함께 있었던 남자

숫자 13   •

함무라비 법이 새겨진 돌기둥은 프랑스의 고고학자 장 뱅상 세유가 이끄는 발굴단에 의해 1901년 페르시아에서 발견되었다. 여기에는 고대 메소포타미아의 풍습과 생활상이 잘 나타나 있다. 이 돌기둥은 현재 프랑스 파리의 루브르 박물관에 전시되어 있는데, 신기하게도 282개 조항 중에 13조는 없다. 그때부터 이미 13은 '불길한 숫자'로 취급되었나 보다.

2장 ◆ 배를 타 본 적이 없는

해양왕 엔리케

2

무지와 미신으로 범벅된 중세 암흑기

고대 이집트인과 그리스인, 로마인들은 아프리카 사하라 사막 남쪽 지역에 광활한 흑인 거주지가 있다는 사실을 알고 있었다. 하지만 무지와 미신으로 범벅된 1,000년 동안의 중세 암흑기를 거치면서 유럽인들은 그들이 가졌던 많은 지식과 기술, 예술을 잃어버렸고 그와 함께 아프리카의 존재도 망각되었다.

7~8세기에는 이집트와 북아프리카가 아랍의 이슬람 국가에 장악되었다. 그때까지도 유럽은 로마 멸망의 충격을 추스르지 못하고 있었고 아프리카의 존재를 알고 있었다 해도 그곳에 진출할 여력이 없었다. 더구나 아랍인들은 북아프리카를 요새로 삼아 타 민족의 남아프리카 진입을 봉쇄했다.

엔리케 왕자 •

1394년, 포르투갈에서 범상치 않은 남자 아이가 태어났다. 후에 이 아이의 무모하리만치 과감한 도전은 아프리카의 지배 구조를 바꾸어 놓았다. 이 아이는 바로 포르투갈의 왕자 엔리케(1394~1460년)였다. 역사는 그를 '해양왕 엔리케'로 기억한다. '해양왕'이라는 수식어가 붙었지만 그는 한 번도 배를 타본 적이 없었다. 그래도 그는 당시 포르투갈의 해양 탐험 작업을 모두 진두지휘했다.

그의 노력은 약 100년 후에 혁혁한 성과로 나타났다. 1488년에 바르톨로뮤 디아스는 아프리카 대륙 동부 연안을 항해해 남아프리카의 희망봉을 발견했고, 결국에는 아프리카 대륙을 빙 돌아 인도에 닿을 수 있다는 사실을 알게 되었다. 이러한 공을 세운 포르투갈의 항해자들은 모두 엔리케 왕자의 해양학교 출신이었다. 그러나 엔리케의 목적은 아프리카 대륙을 탐험하는 것이 아니라 지상 낙원을 찾는 데 있었다.

루머 #1 •

당시 사람들은 에덴동산이 실제로 존재한다고 믿었다. 하느님이 '프레스터 존(전설상의 중세 성직자 겸 왕. 프레스터는 '목회자(priest)'를 의미함)'이라는 이름의 성직자를 그곳의 왕으로 정하고 에덴동산을 이끌게 한다고 생각했다. 프레스터 존은 동아프리카 어딘가에 있는 엄청난 부자 나라의 제왕으로 간주되었다. 실제로 동아프리카에는 아비시니아(에티오피아)라는 기독교 왕국이 있기는 했다. 아비시니아는 천 년의 기독교 왕국이었지만 결국 아랍인에 의해 이슬람 국가로 바뀌었다.

루머 #2 ◦

엔리케는 나일강의 서쪽에 지류가 있고, 그것이 아프리카의 서부 해안으로 흘러 들어간다고 믿었다. 그 해안을 뒤져 프레스터 존과 에덴동산을 찾아내기 위해 수많은 배들을 보내 나일강을 거슬러 오르게 했다.

루머 #3 ◦

당시 아프리카를 지배하던 아랍인들은 북서쪽 해안의 험악한 보자도르 곶 남쪽에는 펄펄 끓는 '암흑의 녹색 바다(Green Sea of Darkness)'가 있는데, 그곳이 세상의 끝으로 가는 입

해양왕 엔리케의 초상

구라고 믿었다. 그곳의 대지는 완전히 사막으로 덮여 있고 태양은
지옥처럼 뜨겁게 이글거려 모든 것을 검게 만들어버렸으며, 무시무
시한 바다 괴물이 살고 있다고 생각했다. 그곳에 갔다가 살아 돌아
온 사람은 아무도 없었고, 어느 누구도 그곳에서 돌아올 수 없다고
확신했다.

그러면 영웅 엔리케는 어땠을까? 그도 남들처럼 보자도르에 겁을
먹고 있었을까? 그것은 알 수 없지만 엔리케는 소문에 굴하지 않고
그곳에 탐험대를 보냈다. 물론 자신은 그곳에 가지 않았다.

지상낙원은 어디에 •

1424~1434년까지 엔리케는 15차례에 걸쳐 보자도르에 탐험대를
보냈다. 그들은 과연 이글거리는 태양에 새카맣게 탄, 무시무시한
바다 괴물에게 모두 잡아먹혔을까? 물론 아니었다. 마침내 1434년,
용맹한 대장 질 이아네스가 이끈 탐험대가 사하라 해변에 도착해 닻
을 내렸다. 그곳에서 사람을 발견하지는 못했다. 그들은 그곳에서
아프리카의 특이 식물을 몇 그루 가지고 귀환했다.

그후 포르투갈의 아프리카 탐험은 더욱 대담해졌다. 그들은 해안
선을 타고 점점 더 남쪽으로 내려갔다. 마침내 1441년 탐험대가 흑
인 2명을 생포해 포르투갈로 데려왔다. 당시 포르투갈 사람들은 사
하라 남쪽 땅에서는 사람이 살 수 없다고 믿었기 때문에 흑인을 발

견한 것은 무척이나 경이로운 일이었다. 포르투갈뿐만 아니라 유럽인 모두가 그곳에 사람이 있으리라고는 상상조차 하지 못했던 시절이다. 이처럼 원정대는 연이어 혁혁한 공을 세웠지만 엔리케 왕자는 아직도 배가 고팠다. 지상낙원의 프레스터 존을 만나지 못했기 때문이다. 이미 대부분의 유럽인들은 에덴동산과 프레스터 존의 존재를 믿지 않았지만 엔리케 왕자는 그렇지 않았다. 그는 끝까지 희망을 버리지 않고 프레스터 존을 찾아 나섰다.

엔리케의 지대한 공헌

엔리케 왕자는 세계 해양 탐사와 대륙 탐험에 혁혁한 족적을 남기고 1460년 66세의 나이로 사망했다. 평생 독신으로 살았던 엔리케는 자신이 쌓은 막대한 부를 말년에 모두 사회에 기부하고 결국 빚만 남긴 채 세상을 떠났다. 그래도 그의 마지막 길은 쓸쓸하지 않았다. 평생을 노력해 자신의 꿈을 이루었기 때문이다.

해양왕 엔리케 동상

유럽인의 입장에서 보면 엔리케의 업적은 지대했다. 당시 유럽인이 알지 못했던 새로운 대륙을 찾아냈고, 새로운 인종을 발견하면서 인류 역사의 새로운 페이지를 열었던 것이다. 포르투갈의 탐험가들은 엔리케로부터 큰 영향을 받았고 엔리케 해양학교에서 훈련을 받은 후에 해양 전문가가 되었다. 이들의 탐험 업적으로 포르투갈은 유럽의 강대국으로 부상했고 이후 150년간 유럽의 무역을 장악했다.

"오늘 할 일을 내일로 미루지 말라." 등의 명언을 남긴 중세시대 영국의 대표적 시인 제프리 초서는 '영국 문학의 아버지'라고 불린다. 탐험가이기도 했던 그는 젊은 시절 한때 영국 왕실의 서기로 일했다.

어느 날 왕궁에서 제프리는 영국 왕 에드워드 3세의 손녀이자 존 오브 곤트 왕자의 딸인 필라파를 만나게 되었다. 제프리가 탐험과 항해 전문가라는 사실을 알게 된 필라파는 그가 경험한 탐험 이야기를 해달라고 졸랐다. 국왕 손녀의 부탁을 누가 감히 거절할 수 있었겠는가. 제프리는 자신이 알고 있는 탐험과 항해에 관한 모든 지식과 경험을 필라파에게 자세히 들려주었다.

제프리 초서

훗날 필라파는 포르투갈의 왕비가 되었다. 그녀는 자신의 아들에게 제프리로부터 들은 모든 이야기를 해주었다. 그 아들이 바로 포르투갈 해양 탐험의 역사를 새로 쓰고 해상 무역의 발전에 눈부신 공을 세운 해양왕 엔리케였다.

3장 ◆ 유목민족을 이끌고 세계를 제패한

칭기즈 칸

3

고난의 어린 시절 •

칭기즈 칸(1162~1227년)을 이야기하지 않고는 몽골을 말할 수 없다. 칭기즈 칸의 아명은 테무진이었는데, 테무진은 거칠고 드넓은 몽골 고원에서 부족장 예수게이의 아들로 태어났다. 그러나 테무진이 아홉 살 때, 테무진의 아버지는 그를 부르테와 약혼시키고 돌아오는 길에 타타르족에 의해 독살되었다. 예수게이를 따랐던 타이치우트 씨족은 예수게이가 죽자마자 손바닥을 뒤집듯 금세 예수게이의 어린 아들 테무진을 죽이려 했다. 테무진은 가까스로 목숨을 구했다. 그 후에도 테무진의 고난은 계속되었다. 테무진과 그의 가족은 풀뿌리와 생선으로 목숨을 연명해야 했다. 어린 테무진은 어른이 되어서는 절대로 배고픔을 겪지 않겠다고 다짐했다.

테무진은 16살 청년이 되자 약혼녀인 부르테와 정식으로 결혼했다. 테무진은 자신과 가족의 안전을 지키기 위해 케레이트족의 옹 칸에게 의탁했다. 그러나 메르키트족과 테무진의 죽은 아버지 사이의 묵은 원한으로 테무진의 아내가 납치되는 수모를 당했다. 이에 격분한 테무진은 옹 칸과 의형제 자무카의 도움으로 군사를 모아 메르키트족을 무찔러 멸망시켰다. 1181년 테무진은 자무카와 결별하여 독자적인 세력을 쌓아갔다.

27살이 되던 해에 테무진은 쿠릴타이(부족회의)를 소집해 몽골 제국을 세우고 '칸'이라는 칭호를 차지하며 '칭기즈 칸'으로 불리게 되었다. 1196년에는 옹 칸과 함께 타타르 원정에 나서서 대승을 거뒀다. 이듬해 칭기즈는 주르킨 부족을 공격해 무너뜨리고 새로운 근거지를 만들었다. 그곳은 아바르가로, 그가 세상을 떠날 때까지 몽골 제국의 수도 역할을 했다.

1201년, 새롭게 떠오르는 칭기즈 세력에 반감을 지닌 씨족들이 칭기즈의 의형제 자무카를 구르 칸으로 추대하고 칭기즈에게 도전했다. 칭기즈는 이 도전에 맞서 승리했지만 자무카는 달아나버렸다. 1202년 옹 칸은 메르키트를 공격하고 칭기즈는 타타르를 공격했다. 타타르를 정복한 칭기즈는 남성들은 모두 죽이고, 아이들과 여성들은 부족의 구성원으로 융합시켰다. 그리고 이듬해 몽골 군대와 부족의 체제를 만들었다. 아르반(10호), 자군(100호), 밍간(1,000

호), 투멘(1만호)을 단위로 지휘하게 했고, 이것은 몽골 군대 특유의 민첩함과 일사불란한 체계가 결합되어 세계 정복의 바탕이 되었다.

몽골의 지배자

이후 칭기즈와 옹 칸은 서로 대립하면서 진정한 몽골의 지배자가 누구인지 진검승부를 펼쳤다. 결과는 칭기즈의 승리였다. 그 후 칭기즈는 부족 간의 대립으로 서로 단합하지 못했던 몽골 문화를 바꾸려고 노력했다. 몽골 부족 간의 납치나 노예로 삼는 행위를 금지시키고, 종교의 자유를 보장했으며, 자기 자신도 법 아래에 있음을 강조했다.

칭기즈 칸

그의 지휘 아래 세계에서 가장 강하고 빠른 몽골 군대는 중국 대륙에서부터 러시아 남부의 키르키즈 대초원에 이르기까지 광활한 지역에 제국을 건설했다.

역사는 돌고 돈다 •

역사상 가장 강력한 군대를 보유했던 몽골 제국이지만 그들에게도 치명적인 약점이 있었다. 대부분의 유목민족들이 그렇듯 몽골족 또한 자신들이 정복한 영토를 지배하고 통솔할 능력이 부족했다.

1294년 칭기즈 칸의 손자인 쿠빌라이 칸이 죽은 이후 제국은 급속히 와해되었다. 광활한 영토에 대한 통치력 결핍이 가장 큰 원인이었다. 하지만 이를 그다지 아쉬워할 필요는 없다. 그것이 바로 돌고 도는 역사이기 때문이다. 어쨌든 칭기즈는 당시 세계가 가장 두려워하는 몽골군의 수장이었고, 그와 함께 몽골족은 세계를 호령하는 지배자로서의 위상을 마음껏 뽐냈다.

역사가들의 평가 •

역사가들은 몽골족이 유목민족이었기에 세계를 제패할 수 있었다고 평가하곤 한다. 그렇지만 역사 속에는 수많은 유목민족과 기마민족들이 있었다. 그들 나름 넓은 영토와 막강한 세력을 확보했지만 몽골족만큼은 아니었다. 그렇다면 그러한 차이를 만든 이유는 무엇일까? 그것은 지도자의 자질이었다.

칭기즈 칸은 부하들의 충성심을 효율적으로 이끌어내는 능력이 탁월했고, 유목민족들이 갖지 못했던 체계적인 지배 방법을 빠르게 터득하여 제도를 만들어냈다. 그랬기 때문에 그는 역사를 바꿀 수 있었고, 후손들이 영토를 더욱 널리 확장하게 하는 원동력이 되었던 것이다.

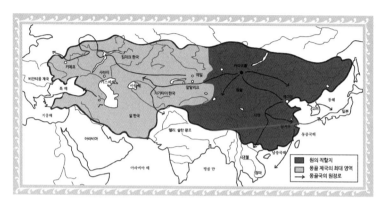

몽골 재국 최대의 전성기

4장 ◆ 권력은 나눌 수 없는 것

클레오파트라

권력은 나눌 수 없는 것 ·

클레오파트라는 이집트의 수도 알렉산드리아에서 태어났다. 그녀
는 아버지인 프톨레마이오스 12세가 죽자, 남동생 프톨레마이오스
13세와 결혼해 부부가 되었다. (당시 이집트에서는 왕실의 피가 다른
피와 섞이지 않도록 근친혼을 지키는 것이 관례였다.) 두 사람이 함께
이집트를 통치한 지 3년째 클레오파트라는 남동생이자 남편에 의해
국외로 추방당했다. 이에 클레오파트라는 자신의 왕국을 되찾겠다
는 결심을 하고, 이집트와 국경을 맞대고 있는 오늘날의 시리아 인
근에서 군대를 양성했다.

하룻밤에 이루어진 역사 •

클레오파트라의 외모에 대해서는 역사가들 사이에서도 의견이 분분하다. 키가 작고 못생겼다는 설도 있고, 날씬하고 아름다웠다는 주장도 있다. 어쨌거나 그녀가 매혹적이고 총명했던 것은 사실인 듯하다.

로마 공화정 말기의 장군 율리우스 카이사르(BC 100~44년)가 로마 군대를 이끌고 알렉산드리아를 점령했을 때 클레오파트라는 양탄자로 몸을 감싼 채 모처에 잠입했다. 그곳에서 양탄자를 벗은 매혹적인 이집트 여인은 그날 밤 카이사르와 사랑을 나눈 것으로 전해진다. 이렇게 해서 클레오파트라는 자연스럽게 카이사르를 자신의 편으로 만들고, 남동생 프톨레마이오스 13세를 내쫓아 파라오의 자리에 올랐다. 하루아침에, 아니 하룻밤 만에 역사를 바꾸어버린 것이다. BC 48년, 그녀의 나이 21세 때였다.

유혹 1 •

클레오파트라는 다시 파라오의 자리에 올랐지만 당시 이집트의 전통에 따라 더 어린 남동생인 프톨레마이오스 14세와 혼인을 하고 왕권을 나눠가져야 했다. 그 와중에 사랑에 눈이 먼 카이사르와 야심에 찬 클레오파트라는 두 달 동안 나일강에서 크루즈를 즐기며 둘만의 달콤한 시간을 보냈다. 그 후 카이사르는 아내가 있는 로마로 돌아갔지만 클레오파트라를 잊지 못하고 1년 후 그녀를 로마로 불러 그곳에서 살게 했다.

카이사르의 측근은 두 사람의 애정 관계를 곱게 보지 않았다. 특히 클레오파트라가 카이사르의 아들 케사리온을 낳자, 주위 사람들은 크게 분노했다. 이렇게 불편한 시간이 흐르고 2년 후 카이사르가 암살당하자 클레오파트라는 황급히 이집트로 돌아갔다. 그리고는 자신의 어린 아들 케사리온을 왕좌에 앉히기 위해 왕위에 있던 남동생을 독살했다고 역사는 전한다.

카이사르의 죽음

카이사르가 죽은 후 로마에서는 BC 43년 삼두정치(원래는 고대 로마의 관직인 '3인 위원'을 가리켰으나, 후에 세 명의 유력한 정치인이 결탁해 정권을 독점한 것을 일컬음)가 시작되었다. 삼두의 주인공은 옥타비아누스(BC 63~14년)와 레피두스(BC ?~13년), 그리고 안토니우스(BC 83~30년)였다. 그중 안토니우스는 이집트와의 교류를 희망했다. 이를 위해 안토니우스는 소아시아 반도에 있는 타르수스에서 클레오파트라와의 만남을 추진했다. 외교상의 업무를 만남의 이유로 내세웠지만 사실 그때 안토니우스는 자신이 혼자 로마를 지배할 야망을 지니고 있었고, 클레오파트라가 그 야망에 투자하리라 기대했다. 어쨌든 이 만남은 클레오파트라에게 또다시 커다란 도약의 기회가 되었다.

안토니우스와 만나기로 한 날, 클레오파트라는 보랏빛 돛으로 화려하게 장식한 황금색 유람선을 타고 우아한 자태로 선상에 누워 유유히 강을 타고 흘러 내려왔다. 시녀들은 모두 바다 요정과 같은 옷을 입었고 클레오파트라 자신은 사랑의 여신인 비너스처럼 치장을 했다. 큐피드 복장의 남성들이 커다란 부채로 만들어 보내는 부드러운 바람을 즐기면서 그녀는 황금빛 파라솔 아래에 요염한 자세로 비스듬히 누워 있었다.

제국의 황제인들 아름다운 미녀의 유혹에 넘어가지 않을 수 있을까. 불과 며칠 만에 안토니우스와 클레오파트라는 뜨거운 연인이 되었다. 당시 클레오파트라에게 완전히 마음을 빼앗긴 안토니우스는 모든 것을 팽개친 채 그해 겨울을 이집트에서 보냈다.

아들딸 쌍둥이

그러나 안토니우스에게는 자신이 책임지고 다스려야 할 제국이 있었다. 결국 그는 힘겹게 발걸음을 돌려 로마로 돌아갔다. 그런데 의도였을까 실수였을까? 6개월 후에 클레오파트라는 안토니우스의 후손인 아들딸 쌍둥이를 낳았다. 딸은 클레오파트라 셀레네, 아들은 알렉산드로스 헬리오스라고 이름을 지었다. 클레오파트라와 그녀의 아들딸은 그로부터 4년 후에나 남편이며 아버지인 안토니우스를 다시 만나게 되었다.

한편 로마로 돌아갔던 안토니우스는 옥타비아누스의 이복 여동생인 옥타비아와 결혼한 상태였다. 서로의 이익을 위한 일종의 정략결혼이었다. 하지만 결혼 후에도 안토니우스의 마음은 언제나 클레오파트라에게 가 있었다.

옥타비아누스의 반격

BC 37년, 안토니우스는 클레오파트라에 대한 그리움을 더 이상 참지 못하고 자신의 아내를 뒤로 한 채 이집트로 건너가 클레오파트라와 결혼했다. 그리고 얼마 후 두 사람은 또 다른 아들 프톨레마이오스 필라델포스를 낳았다.

한편 로마에서는 안토니우스와 사이가 멀어진 아내의 오빠 옥타비아누스가 안토니우스를 제거하기 위한 계략을 세우고 있었다.

안토니우스는 키프로스와 크레타, 시리아를 클레오파트라에게 선물로 주고(덩어리가 커서 포장은 못한 것으로 전해진다.), 알렉산더 대왕의 영토였던 광활한 지역을 그의 자식들에게 떼어주었다. 그러자 옥타비아누스는 안토니우스가 클레오파트라의 손아귀에서 놀아나 로마를 짓밟고 있으며, 더 늦기 전에 그를 제거해야 한다고 원로들을 설득했다. 그의 주장에 따라 로마는 이집트에 전쟁을 선포하고 안토니우스와 클레오파트라를 제거하기 위해 대규모 함대를 보냈다.

악티움 해전을 묘사한 그림

동반 도주 •

안토니우스의 군대는 로마 해군의 적수가 되지 못했다. 클레오파트라도 60척의 배를 가지고 있었지만 그 정도 병력으로 로마군을 상대하는 것은 계란으로 바위 치기나 다름없다는 사실을 잘 알고 있었다. 영리한 그녀는 자신이 어떻게 처신해야 할지 잘 알고 있었다.

BC 31년 악티움 해전에서 안토니우스의 군대가 처참하게 패배하자 클레오파트라는 모든 것을 버리고 도망쳤다. 그리고 비참하게도 안토니우스 또한 자신의 군사를 포기하고 클레오파트라의 뒤를 따라 도망을 쳤다. 로마인들은 안토니우스가 사랑에 눈이 멀어 비겁한 겁쟁이가 되어버렸다며 실망했다.

무화과 바구니 안의 독사 •

이 역사 이야기가 실제로 어떻게 끝났는지 알지 못하는 사람일지라도 해피엔딩은 아닐 것이라는 짐작은 쉽게 할 수 있을 것이다.

실의에 빠진 안토니우스는 칼로 자결을 시도했지만 상처만 입고 자살에 실패했다. 그러다가 클레오파트라가 아직 살아 있다는 소식이 들려오자 상처 입은 몸을 이끌고 그녀를 찾아 떠났다. 마침내 안토니우스는 꿈에 그리던 그녀를 만났다. 그러나 재회의 기쁨도 잠시, 안토니우스는 클레오파트라 앞에서 그대로 숨을 거두고 말았다.

이만하면 충분히 비극적이라고 느껴지는가? 그러나 비극은 아직 끝나지 않았다.

옥타비아누스는 클레오파트라를 로마로 끌고 가 쇠사슬에 묶어 거리를 질질 끌고 다니며 시민들의 구경거리로 만든 다음 죽일 계획을 세우고 있었다. 그러한 그의 계획을 클레오파트라는 눈치 채고 있었다. 하지만 그렇게 비참하게 죽을 수는 없다고 생각한 클레오파트라는 자결을 결심했다.

스스로 최후의 만찬을 준비한 클레오파트라는 몰래 독사를 무화과 바구니에 넣고 신하들이 그것을 자신의 식탁에 올리도록 했다. 그것이 그녀의 마지막 식사였다. 옥타비아누스의 계획은 실현되지 못한 채 클레오파트라는 세상을 떠났다.

무화과 바구니 안의 독사

클레오파트라의 네 자녀　●

파란만장했던 클레오파트라의 일생은 그렇게 끝났다. 그녀는 이집트의 마지막 파라오로 남아 있다. 그녀가 죽은 후 이집트는 로마의 지배를 받았다. 그러면 그녀의 네 자녀는 어떻게 되었을까? 카이사르와의 사이에서 태어난 아들 케사리온은 옥타비아누스의 로마 집권에 걸림돌이 될 것으로 우려한 옥타비아누스에 의해 살해되었다. 그리고 나머지 세 자녀는 로마로 보내져 옥타비아누스 밑에서 자라났다. 후에 그녀의 딸 클레오파트라 셀레네는 아프리카 마우레타니아 왕국의 왕과 결혼해 두 아이를 낳았다. 두 아들 알렉산드로스와 프톨레마이오스는 누이를 따라 마우레타니아로 건너갔다고 전해지지만 확실한 증거나 기록은 남아 있지 않다.

클레오파트라 동상

5장 ◆ 알 듯 말 듯한 그 미소,

모나리자

그녀 •

레오나르도 다 빈치(1452~1519년)가 그린 것으로 알려진 그림 〈모나리자〉. 이 그림에 대해서는 오늘날까지도 수많은 의문이 쏟아지고 있다. 그중 대표적인 것은 다음과 같다.

그림 속 여인은 과연 누구일까?
오묘한 미소 뒤에 숨은 의미는 무엇일까?

다 빈치의 작업 일기가 발견되거나, 그가 다시 살아나지 않는 한 세상의 추측은 영원히 증명되지 못할 것이다. 어쨌든 그림 속 여인이 누구인지에 대해서는 이제 세상이 거의 동의를 하고 있다. 다 빈치가 자신의 모습을 여성화시켜 그린 자화상이라는 주장도 있지만, 이는 비약적인 억측이라고 보는 시각이 많다. 이 그림에 담겨 불멸의 스타가 된 여인은 리자 게라르디니인 것으로 알려졌다. 모나리자의 '모나'는 마돈나의 준말인 '몬나(monna)'인데 이탈리아어로 '부인'을 뜻한다.

리자는 1479년 이탈리아에서 태어났다. 그녀는 1495년에 피렌체 출신의 부유한 상인과 결혼했다. 남편의 이름은 '프란체스코 디 바르톨로메 디 자노비 델 조콘다'였다. 줄여서 '조콘다'로 불렸다. 리자가 〈모나리자〉의 탄생을 위해 다 빈치 앞에 두 손을 모으고 앉았던 것은 20대 후반인 1506년경으로 추정된다. 결혼한 후였기 때문에 그림 〈모나리자〉의 다른 이름은 남편의 성을 딴 '라 조콘다'였다. 리자는 1528년에 사망했다.

레오나르도 다 빈치의 초상화

그 미소 ·

무표정한 얼굴에 수수께끼를 머금은 것 같은 모나리자의 미소는 세계인의 호기심을 자극하며 무수한 상상을 불러 일으켰다. 우아하고 정숙한 듯하면서도 어찌 보면 유혹적인 그녀의 미소는 천인천색의 해석을 낳게 했다. 과연 그녀는 무슨 생각을 하면서 그러한 미소를 짓고 앉아 있었을까?

추측컨대 당시 그녀의 머릿속에는 '줄리아노 디 메디치'에 대한 생각으로 가득 차 있었을 것이다. 리자를 모델로 한 그림 〈모나리자〉의 의뢰인이라고 알려지기도 한 줄리아노와 유부녀 리자는 사랑에 빠졌다는 소문이 퍼져 있었다. 결국 그 오묘한 미소는 감춰야 하는 사랑의 흔적이었을까.

신비한 기법

〈모나리자〉를 이야기할 때 빠지지 않는 것이 스푸마토 기법이다.

모나리자가 오늘날까지 신비로움을 간직하는 가장 큰 이유 중의 하나가 이 작품에 스푸마토 기법이 쓰였기 때문이다. 이 기법은 레오나르도 다 빈치가 처음 사용한 것이라고 전해진다. 스푸마토라는 말은 '안개처럼 사라지다'라는 뜻의 이탈리아어 '스푸마레(sfumare)'에서 나온 말이다. 이는 수많은 붓질을 통해 어두운 색부터 밝은 색으로 덧

모나리자

칠하면서 경계를 나타내는 선을 없애는 기법이다. 레오나르도 다 빈치는 아주 작은 붓으로 모나리자의 입 부분을 30겹 이상 덧칠해 신비로운 미소를 탄생시켰다고 한다.

업적은 있는데 생애가 없다 •

레오나르도 다 빈치는 화가이자 조각가, 건축가, 발명가, 과학자 겸 해부학자였다. 어떻게 이 많은 수식어가 한 사람에게 모두 붙을 수 있었을까. 그뿐만 아니라 그는 그 모든 분야마다 위대한 업적을 남겼다. 그러나 정작 다 빈치 개인에 대한 기록은 거의 찾아보기 힘들다. 그렇기에 그는 아직도 전 세계인에게 신비의 인물로 남아 있다.

지금까지 알려진 레오나르도 다 빈치의 생애 •

1452년	이탈리아 토스카나 빈치에서 공증인의 사생아로 출생.
1469년	피렌체 베루치오의 화실에서 화가로 입문.
1472년	보티첼리와 함께 화가협회 회원이 됨.
1475년	베루치오의 후원으로 〈그리스도의 세례〉를 그림.
1481년	밀라노의 스포르차 가문에 화가로 초빙되어 화가·조각가·건축가로 활동.

1483~1486년 〈암굴의 성모〉를 그림.

1489년 해부학 연구.

1495~1498년 〈최후의 만찬〉을 그림.

1499년 〈성 안나와 성 모자〉를 그리기 시작.

1500년 밀라노를 떠나 피렌체로 돌아감.

1503년 〈모나리자〉를 그림.

1507년 루이 12세의 밀라노 입성 후 왕실 화가가 되어 6
년간 체류.

1510년 〈성 안나와 성 모자〉 완성.

1513~1516년 교황 레오 10세의 초청으로 로마에서 과학 연구에
몰두.

1517년 프랑스 왕 프랑수아 1세의 초빙으로 앙부아즈에
부임.

1519년 프랑스에서 운하 건축 공사 도중 67세로 사망.

서기 64년, 흉포하고 방탕한 황제가 로마 시내에 불을 질렀다. 자신의 취향대로 로마를 다시 건설하겠다는 욕심 때문이었다. 로마는 무시무시한 화염 속에서 잿더미로 변해갔다. 황제는 도시 가운데에 솟아 있는 높은 탑 꼭대기로 올라갔다. 무너져 내리는 로마를 내려다보면서 황제는 쾌재를 부르며 피들(fiddle, 현악기의 일종)을 뜯었다.

이 이야기는 아직도 돌아다니는 로마 황제 네로에 관한 소문이다. 소문대로 네로는 정말 로마에 불을 지르고 탑에 올라 빨갛게 불타오르는 로마를 바라보며 악기를 연주했을까?

사실은 그렇지 않다. 역사가 전하는 이야기는 소문과 다르다. 1세기 역사학자 타키투스가 전하는 기록에 의하면 로마가 처음 불붙기 시작했을 때 네로는 로마에서 70킬로미터 이상 떨어진 안티움 별장에 있었다. 화재 소식을 듣고 네로는 급히 로마로 돌아와 현장에서 화재 진압을 진두지휘했지만 이미 파다하게 퍼져버린 화염을 막을 수 없었다.

그러나 타키투스의 기록이 비록 사실이라 해도 로마 화재와 관련해 기독교인들은 그를 용서할 수 없었을 것이다. 네로는 화재로 인해 끓어오르는 자신의 분노를 가독교인들에게 풀려고 했다. 그들을 희생양 삼아 화재의 책임을 회피하려고 했던 것이다. 그로 인해 네로는 기독교도의 적이라는 오명을 얻었다.

네로 황제

6장 ◆ 부활을 위한 교두보,

암흑기

6

'암흑기'의 정의 •

세계 역사에서 암흑기가 언제인지 아는가? 잘 모른다 하더라도 부끄러워 할 필요는 없다. (역사가들 사이에서도 암흑기에 대해서는 이견이 분분하다.)

흔히 서양사의 관점에서 보면 '암흑기'란 로마제국이 멸망한 5세기 말쯤에 시작되어 르네상스 시기인 15세기까지라고 보는 것이 일반적이다. (각 나라마다 역사적 암흑기는 다를 수 있다. 여기에서 언급하는 암흑기는 오로지 유럽의 관점에서 보는 암흑기이다.)

암흑기가 된 두 가지 이유 •

이 시기를 '암흑기'라고 부르는 데에는 두 가지 이유가 있다.

첫째, 세계 역사의 다른 시기에 비해 이 시기에 관해서는 책이나 문서 등의 자료가 거의 없어 미지의 시기로 남아 있기 때문이다. 문헌이 없으므로 그 시기에 어떤 일이 있었는지 자세히 알 수가 없다. 즉 캄캄한 암흑 속에 있는 것이다.

둘째, 이 시기는 모든 분야에서 미개하고 혼란스러웠던 때로 인식되기 때문이다. 당시 사람들은 경제적, 사회적, 문화적으로 매우 핍박한 환경에 놓여 있었다. 암흑기라는 말은 당시 그들이 살았던 생활상을 그대로 반영하는 말이다. 즉, 그들은 '암흑' 속에서 생을 영위했다.

중세 암흑기

로마의 붕괴

유럽 대부분의 지역이 약 800년간 로마에 의해 지배되었다는 사실을 상기해보자. 로마의 붕괴는 로마 본토의 멸망뿐만 아니라 유럽, 중동, 그리고 북아프리카에 이르는 지역의 통치 구조가 무너졌다는 것을 의미한다.

백성을 통솔하는 제국도, 질서를 유지하는 군대도 없어졌다. 음식도 더 이상 배급되지 않았고 대부분의 화폐도 모두 쓸모없는 휴지조각이 되어버렸다. 세상은 온통 무법천지가 되고 잔인한 약탈자들이 날뛰었다. 뿐만 아니라 서기 542년에는 약탈보다 더 잔인한 흑사병이 콘스탄티누플(현재의 이스탄불)에서 창궐하기 시작해 유럽 전역으로 퍼지면서 서기 594년까지 유럽 전체 인구의 약 절반에 이르는 사람들을 죽음으로 몰아넣었다. (사실 암흑기는 흑사병의 창궐로 시작되었다고 보아도 무방할 정도이다. 이 전염병의 위력은 기존 사회의 질서를 한순간에 무너뜨렸기 때문이다.)

치열한 삶

사람들은 모든 문명을 포기하고 도시를 떠나갔다. 살기에 급급한 사람들은 먹거리와의 전쟁을 치러야 했고 교육, 문화 예술은 생각조차 할 수 없는 사치가 되었다. 이처럼 수백 년이라는 긴 시간 동안 세계 역사에는 가치를 인정받을 만한 어떤 일도 일어나지 않았다.

이것이 바로 '암흑기'에 대한 많은 역사학자들의 주장이다.

그러나 따지고보면 아무런 발전이 없었던 것은 아니다. 이 시기에는 기독교가 왕성하게 전파되었고, 교회와 수도원이 유럽 곳곳에 건설되었으며, 봉건주의가 창궐했다. 그리고 앞서 말했듯이 흑사병과 약탈자, 그리고 굶주림과의 싸움이 있었다. 이 모든 것을 이겨내며 중세 시대 사람들은 르네상스로 가는 교두보를 마련했다.

이 모든 것이 가치 없는 일이었을까? 그렇지 않다. 이것이 바로 삶이고 역사이다. 암흑기를 헤쳐 지나가기 위해 몸부림치는 치열한 삶이 바로 역사인 것이다.

이교도 처단

7장 ◆ 해부학 발전이 낳은 직업

시체 도굴꾼

싱싱한 시체를 찾아라 •

해부학 실습을 위해 무연고 죄수들의 시체를 취득하는 것은 사실 여러 국가에서 허용되어왔다. 그러나 그것만으로는 넘치는 시체 수요를 감당할 수 없었다. 이 문제를 해결하기 위한 방법은 무엇이었을까?

그 해답은 바로 '시체 도굴'이었다. 수많은 도굴꾼들이 새로 생긴 묘지를 골라 싱싱한 시체를 도굴해 병원이나 학교에 팔았다. 심지어 의사나 학생들이 직접 시체를 구하기 위해 무덤을 파내기도 했다. 하지만 지금도 그렇듯 그들은 싱싱한 물건을 찾아 공동묘지를 헤매고 돌아다닐 만한 충분한 시간이 없었다. 그래서 나타난 직업이 시체 도굴꾼이었다. 1700년대 후반까지 영국 런던과 에든버러는 시체 도굴꾼들의 주 활동 무대였다.

시체가 재산?

일반인들의 추측과 달리 시체 도굴은 비교적 안전한 직업에 속했다. 시체에서 전염병이 옮는다거나 사람들에게 들켜 몰매를 맞을 위험이 있긴 했지만 도굴꾼들이 감옥에 가는 일은 거의 없었다. 당시 영국법상 시체는 개인의 재산이 아니었기 때문에 그것을 파내도 도둑질로 간주되지 않았다. 관 속에 있는 물건을 가져가거나 사유지 안에 있는 묘지에 손을 댔을 때는 법의 심판을 받았지만 돈 있고 백 있는 의사들이나 의과대학 등이 그들과 한패였기 때문에 도굴꾼들은 실력 좋은 변호사들의 도움을 받을 수 있었다.

도둑의 문상

도굴꾼들은 무리를 이루어 활동했다. 문상객을 가장해 상가를 찾아다니며 조문을 하고 장지까지 쫓아가 묘지의 위치를 확인했다. 그들은 소리를 최소한으로 줄이기 위해 쇠가 아닌 나무 삽을 이용해 묘지를 팠다. 도굴을 위해 묘지

시신 도굴

전체를 파헤칠 필요는 없었다. 관의 머리쪽 부분을 파 내려가 관이 나오면 뚜껑을 뜯어내고 시체를 밧줄에 묶어 끌어내고는 흙으로 다시 구멍을 메웠다.

시체 공급 계약 •

'시체의 왕'이라 불렸던 도굴 기업가 벤은 신참 시체 도굴꾼들을 조직적으로 교육시켰다. 그의 팀원들은 싱싱한 시체를 찾기 위해 런던의 공동묘지를 샅샅이 뒤지고 다녔고, 여느 기업들이 하는 것처럼 그 결과를 장부에 꼼꼼히 기록했다. 다른 비즈니스 분야와 마찬가지로 도굴 사업에서도 경쟁은 매우 치열했다. 신선한 시체를 차지하기 위해 갱단 간에 싸움이 벌어지기도 했다. 사업을 잘하는 도굴 업체들은 특정 학교나 의사들과 시체 독점 공급 계약을 맺기도 했다.

있어서는 안 될 일 •

희대의 시체 도굴꾼인 영국의 버크와 헤어는 사업 확장을 위해 끔찍한 일을 저질렀다. 친구 사이인 그들은 힘든 도굴 작업을 하지 않고 시체를 확보하기 위해 살인을 저질렀다. 1828~1829년에 두 살인마는 에든버러에서 어린이를 포함한 16명의 남녀를 죽여 당대의 명의

로 알려진 로버트 녹스 박사에게 시체를 팔아넘겼다.

살인마의 최후 •

버크와 헤어가 체포되었을 때 녹스 박사는 그들의 살인 행위를 알지 못했다고 주장하여 무죄를 선고 받았지만, 그는 성난 군중에게 쫓겨 에든버러에서 도망쳐야 했다. 헤어는 동료인 버크에게 불리한 증언을 하여 죄를 덮어씌우고 법망을 피해 처벌을 면했다. 버크는 살인 죄로 기소되어 사형을 당했다.

아이러니하게 버크의 시체는 의과대학에서 공식적으로 해부되었다. 버크의 해골은 에든버러 대학에 전시되었고, 그의 살가죽으로 만든 지갑은 왕립 의과대학 박물관의 한구석을 장식하고 있다.

해부법의 제정 •

버크와 헤어의 반인륜적 범죄 행위에 분노한 군중은 영국 의회로 하여금 1932년에 해부법안을 통과시키도록 만들었다. 이 법에 의해 의과대학에서는 법적으로 인증된 시체만 사용할 수 있게 되었고 대부분의 도굴꾼은 철퇴를 맞고 사업을 접어야 했다.

그러나 미국의 경우는 조금 달랐다. 미국 내 대부분의 주에서는 해부법안의 제정을 거부했다. 유럽의 동료들과 마찬가지로 미국의 시체 도굴꾼도 가난하고 힘없는 사람의 무덤을 선호했다. 그래야 죽은 자의 가족들로부터 감시나 고발을 덜 당할 수 있고, 그런 사람들의 무덤은 파내기가 수월하기 때문이었다. 무연고 묘지는 도굴꾼들의 뷔페나 마찬가지였다.

하원의원의 주검 •

고위층 인사의 묘지라고 해서 도굴로부터 안전한 것은 아니었다. 1878년, 미국 하원의원 J. S. 해리슨의 무덤이 도굴되었고 그의 주검은 오하이오 의과대학에서 발견되었다. J. S. 해리슨은 전 미국 대통령 윌리엄 헨리 해리슨의 아들이자, 역시 전 대통령이었던 벤자민 해리슨의 아버지였다. 이 유명한 사건으로 일부 주에서는 해부법안을 제정하기도 했지만 말 그대로 일부 주에 지나지 않았고 대부분의 주 정부는 예전과 같이 도굴사업에 관여하려 하지 않았다. 따라서 시체 도둑들은 미국 대부분의 지역에서 그들의 사업을 그대로 이어갈 수 있었다. 1920년대까지 미국의 의과대학들은 정부로부터 아무런 간섭을 받지 않고 시체 도굴꾼들로부터 정기적으로 시체를 사들일 수 있었다. (누가 알겠는가? 지금도 그러한 시체 거래가 횡행하고 있는지.)

8장 ◆ 촌부의 말이 바꾼 역사

천연두 백신

8

천연두에 대한 기록 ∙

인류 역사에서 천연두에 관한 첫 번째 기록은 BC 12세기의 중국 문헌에서 발견되었다. 이렇게 태생이 오래된 천연두는 18세기가 되어서도 인류에게 치명적인 질병으로 남아 있었다. 그동안 천연두가 인간에게 미친 영향은 끔찍했다. 천연두에 걸리면 대다수가 사망하거나 실명을 했고, 치료가 된다 해도 얼굴과 몸에 보기 흉한 상처를 남겼다.

소젖 짜는 간병인 ∙

1770년대 영국에서 천연두 환자를 간호할 수 있는 사람은 이미 천연두에 걸렸다가 살아나 내성이 생겨서 다시는 천연두에 걸리지 않는 사람들뿐이었다. 그렇지 않고 일반인들이 천연두 균에 노출되면 그 끔찍한 병마의 침공으로부터 벗어날 수 없었기 때문이다.

당시 영국의 한 병원에 에드워드 제너(1749~1823년)라는 젊은 외과 수련의가 있었다. 이 청년은 자신이 일하는 병원에서 천연두 환자를 열심히 간호하는 한 여성을 주목하게 되었다. 그녀는 환자의 간병을 하면서 그의 목장에서 소젖을 짜는 일도 하고 있었다.

그러던 어느 날, 에드워드 제너가 그녀에게 물었다.

"그렇게 보이지 않는데, 혹시 천연두에 걸린 적이 있었나요? 그렇지 않으면 면역력이 없어서 매우 위험합니다."

그녀가 젊은 제너에게 대답했다.

"천연두(smallpox)에 걸린 적은 없지만 저는 그 병에 내성을 가지고 있어요. 우두(cowpox)에 걸렸다가 나았거든요."

우두는 소나 양 등이 걸리는 천연두 같은 질병이지만 사람도 감염이 될 수 있었다. 그러나 우두는 천연두에 비하면 치사율이 크게 떨어지고 증세가 많이 약한 병이었다. 제너는 여성의 말을 듣고 뭔가가 뇌리에서 번쩍 하는 느낌을 받았다. 그것이

소젖을 짜는 여인

무언가 싶어 젊은 수련의는 그녀로부터 들은 말을 자신의 스승에게 그대로 전했다. 전문의인 스승이 제자에게 말했다.

"촌부의 말에 신경 쓸 거 없어. 그냥 잊어버려."

촌부의 말에 미친 의사 •

그러나 제너는 촌부의 말에서 신경을 끊을 수가 없었다. '우두에 걸렸던 사람은 천연두에 안 걸린다고? 그러면 약한 질병인 우두에 한 번씩 걸렸다가 나으면 이 무시무시한 천연두를 피해갈 수 있을 텐데 정말 그것이 가능한 일일까?' 이 의문을 풀기 위해 청년 수련의는 우두에 걸렸던 사람들이 천연두에 노출되었을 때 어떤 결과가 나타나는지를 유심히 관찰하고 추적했다. 결국 촌부의 말은 옳았다.

얼마 후 제너는 천연두 치료에 관한 간단한 보고서를 의학계에 제출했다. 가축이 걸리는 우두균을 추출해 사람의 몸에 소량 주입해 의도적으로 가벼운 우두에 걸렸다가 낫게 함으로써 천연두에 대한

에드워드 제너

면역력을 갖게 해 살인적인 질병에서 벗어나게 할 수 있다는 내용이었다.

제너의 보고서를 보고 의학계에서는 비웃었다. 멀쩡한 사람의 몸에 가축의 병균을 집어넣는다니. 안타깝게도 젊은 놈이 미쳤다고 생각했다. 그러나 제너는 포기하지 않았다. 주변의 아무런 도움 없이 혼자 연구하고 실험을 했다. 수많은 사람들이 또다시 천연두에 희생되고 몇 년 후, 드디어 의학계에서 제너의 연구를 받아들이고 그의 주장대로 실험을 해보기로 결정했다.

백신의 발명

오늘날 에드워드 제너는 말세적인 악마의 병에서 인류를 구원한 천연두 백신을 발명한 사람으로 널리 알려져 있다. 이 '백신'이라는 단어는 '소'를 뜻하는 라틴어 'vacca'에서 유래했다.

제너의 공로로 이제 천연두는 사라졌다. 그의 백신 덕분에 천연두로부터 건진 생명의 수가 수백만, 수천만, 혹은 수억 명이었을지 모른다. 그의 백신이 없었다면 과연 인류는 어떻게 되었을까? 상상조차 끔찍하다.

'암흑기'라는 말은 인류 역사를 유럽 중심의 시각으로 바라본다는 느낌을 지울 수 없다. 특히 우리나라의 경우 세계사 수업을 서유럽(혹은 미국) 역사의 관점으로 가르치다보니, 우리도 모르게 유럽이나 미국의 역사를 그대로 수용하는 경우가 많다. 그들의 관점에서 본다면 암흑기는 역사의 수레바퀴가 너무 느리게 흘러 발전이 느린 시기인 것이 맞다. 하지만 실제로 '암흑기'는 암흑기가 아니었다.

유럽에서 암흑기라 불리던 시기에 중국 송나라에서는 화약이 발명되었다. 물론 이전에도 화약은 있었지만 군사적으로 제대로 활용되기 시작한 것은 이때부터였다. 우리나라에서는 금속활자, 고려청자가 이 시기에 만들어졌다. 역사는 계속 발전하고 있었던 것이다.

우리가 알고 있는 역사는 승자의 역사이다. 우리가 역사를 배우는 이유는 세상을 바로 볼 수 있는 눈을 갖기 위해서이다. 필자가 이 글을 쓰는 이유는 역사를 오직 과거에 있었던 일로 치부하지 않았으면 해서이기도 하다. 역사는 과거의 일이지만 현재의 일이고, 미래의 방향이 된다는 것을 잊지 말자.

9장 ◆ 죽도록 달린 사나이가 남긴 역사

마라톤

페르시아와 그리스의 대전　•

BC 490년 그리스 아테네에서 북동쪽으로 약 30킬로미터 정도 떨어진 곳에 위치한 산야. 이곳에서 그리스와 페르시아 사이에 전투가 벌어졌다. 페르시아군과 비교했을 때 병사 수에서 현격한 차이를 보인 그리스군은 홈경기임에도 불리한 전세에 놓여 있었다.

페이디피데스　•

날이 갈수록 전세가 기울자 그리스군의 사령관 밀티아데스는 당시 가장 강한 군대로 소문난 스파르타군에게 지원을 요청하기로 했다. 당시에도 대부분의 군대에는 상시 전령부대가 별도로 편성되어 있었다. 이들은 뛰어난 육상 기량을 가진 정예 군사들로 구성되었고,

험준한 장거리 산야를 빠른 시간에 주파할 수 있도록 훈련되었다. 사령관 밀티아데스는 그중에서도 가장 강인한 체력을 지닌 페이디피데스를 전령으로 차출해 페르시아에 급파했다.

왕복 300킬로미터 •

페이디피데스는 한여름 더위 속에서 적진을 뚫고 150킬로미터를 쉬지 않고 달려 스파르타에 도착했다. 그때 스파르타군 진영에서는 종교 행사가 벌어지고 있었다. 때문에 그리스군을 지원하기 위해서는 며칠을 기다려야 했다. 하지만 한시라도 급한 그리스군은 며칠씩 넋 놓고 기다릴 수 있는 처지가 아니었다.

이 달갑지 않은 소식을 사령관에게 전하기 위해 페이디피데스는 그 자리에서 발길을 돌려 자신이 달려왔던 150킬로미터를 다시 달리기 시작했다. 찌는 듯한 더위 속에서 페이디피데스는 300킬로미터에 이르는 산야를 불과 이틀 만에 주파했다.

마라톤 대회

정예부대의 승리 •

페이디피데스로부터 절박한 소식을 전해들은 밀티아데스 장군은 결국 스파르타군의 지원을 포기하고, 숫자는 적지만 빠르고 민첩한 자신의 정예 군사들을 동원해 숫자만 많고 느려터진 페르시아군을 물리치고 승리했다. 이 전쟁에서 그리스군은 192명의 군사를 잃었고 페르시아군은 무려 6,000명 이상의 군사가 전사했다. 아이러니하게도 스파르타 지원군은 모든 전투가 끝난 날 전쟁터에 도착했다.

나이키! •

군사들과 함께 승리의 기쁨에 젖은 밀티아데스 장군은 승전의 기쁨을 아테네에 전하기 위해 자신의 특급 전령인 페이디피데스에게 승전보를 쥐어 주고 다시 아테네로 급파했다. 전장에서 아테네까지는

쓰러진 그리스 전령 페이디피데스

약 42킬로미터. 사령관의 명을 받은 페이디피데스는 뒤도 돌아보지 않고 단숨에 이 거리를 달려 아테네에 입성해 이렇게 소리쳤다.

"나이키(운동화 상표가 아니라 '승리'라는 뜻)!"

그리고 그는 그 자리에서 쓰러져 다시는 일어나지 못했다.

마라톤의 유래 •

페이디피데스는 그렇게 전사했지만 그의 공훈은 오늘날의 마라톤
을 낳았다. 현대 마라톤의 공식 주행거리는 42.195킬로미터이다.
이는 1908년 런던 올림픽에서 최초로 채택되어 여러 차례의 논의를
거쳐 1924년에 최종 확정되었다.

마라톤에 관한 뜬소문 •

마라톤 전투에서 패전한 페르시아의 후예국인 이란에서는 마라톤
을 금지하고 있다는 뜬소문이 있다. 그러나 이것은 이란 테헤란에
서 열린 1974년 아시안 게임에서 마라톤 경기가 열리지 못했기 때
문에 생긴 뜬소문에 불과하다. 그것은 단지 이란 내에서는 마라톤
대회를 개최하지 않겠다는 것이 진실이라고 볼 수 있다. 이란 영토
내에서 마라톤 경기가 금기시되다보니 이란 선수들의 기록이 좋지
못하고, 선수들이 참가하려 하지 않으니 외국에서 열리는 경기에도
출전을 하지 않았다는 것이 맞다. 국가가 나서서 법적으로 마라톤
을 금지한 것은 아니다.
　그 증거는 2017년 4월 7일 테헤란에서 '제1회 국제 파르시(페르시

이) 런 대회'가 열린 것을 보면 알 수 있다. 여기서 '파르시 런'이란 마라톤을 가리키는 말이다. 이란에서 마라톤이라는 단어가 금기시 되다보니 이란식 이름이 생긴 것이다.

마라톤에 얽힌 에피소드

페이디피데스의 심장을 이어받은 오늘날의 수많은 마라톤 선수들은 각자 자신의 나라에 승전보를 전하기 위해 힘겹지만 선의의 경쟁을 멈추지 않는다. 하지만 때로는 정의를 팽개친 패잔병 같은 마라토너들도 있어서 스포츠의 순수성에 먹칠을 하고 선수들의 사기를 떨어뜨리곤 한다.

· 첫 번째 올림픽 마라톤 경기는 1896년, 페이디피데스가 달렸던 지역과 동일한 코스에서 열렸다. 이 경기에서 그리스의 스피리돈 루이스가 2시간 58분 50초의 기록으로 우승했다. 2위 역시 그리스의 스피리돈 벨로카스가 차지했다. 그러나 4등으로 들어온 헝가리의 기울라 켈너가 2위인 벨로카스가 후미에 있다가 자신을 한 번도 추월한 적이 없다고 의문을 제기했다. 조사 결과 벨로카스는 경기 도중에 마차를 이용한 것으로 밝혀졌다. 결국 벨로카스는 실격 처리되었고 기울라 켈너가 동메달리스트가 되었다.

- 1909년, 보스턴 마라톤 대회에 참가한 호와드 피어스는 약 13 킬로미터를 달린 후 갑자기 차에 올라 타 나머지 코스를 주행했다. 진행요원이 그를 멈추려 했지만 관중들의 환호에 고무된 피어스는 차를 멈추지 않고 풀코스를 그대로 달렸다. 당연히 그는 실격되었다.

- 1980년 보스턴 마라톤 대회에서는 로시 루이즈가 지하철을 타고 대부분의 코스를 지나쳐갔다. 그는 결승선에서 약 1.5킬로미터 떨어진 지점에서 선두 그룹에 끼어 1등으로 달리고 있던 재커린 가러우보다 앞서 테이프를 끊으려다 발각되었다. 루이즈 역시 실격되었다.

10장 ◆ 백 년 동안 이어진 땅 싸움

백년전쟁

10

소문난 잔치에 먹을 것 없듯

백년전쟁에서는 정말 100년 동안 전쟁이 계속되었을까? 엄밀히 말
하자면 백년전쟁은 영국과 프랑스 간에 1337년부터 1453년까지 벌
어진 전쟁이니 116년 전쟁이라고 불러야 한다.

116년간 이어진 수많은 전투 사이에는 정전과 평화의 기간도 상
당히 길었다. 어떤 전투는 양쪽이 약 3,000명 정도의 군사로 단 하루
만에 치르기도 했고, 중요 전투라 해도 100년이라는 이름에 걸맞지
않게 불과 2주 만에 끝이 나곤 했다. 또한 단순한 백병전인 경우도
많았다.

백년전쟁의 씨앗, 소년 왕 에드워드 3세 •

1327년에 에드워드 3세가 영국 왕이 되었을 때 그의 나이는 불과 14세였다. 아버지 에드워드 2세가 세상을 떠난 후 영국은 어머니이자 왕비인 이사벨과 그녀의 오랜 애인 로저 모티머가 실제로 지배했다. 그러나 그들의 통치는 오래가지 못했다. 1330년, 에드워드 3세는 군사를 동원해 어머니의 애인인 모티머를 붙잡아 처형했다. 이후에도 그는 왕정이나 정책 결정보다는 군사 행동에 더 많은 관심을 가졌다. 10대 소년이라기엔 너무도 대담한 인물이었다.

프랑스 왕위 •

에드워드 2세의 왕비이자 에드워드 3세의 어머니인 이사벨은 프랑스인으로서 영국과 프랑스 왕가에 모두 연결고리를 가지고 있었다. 당시 프랑스의 왕은 이사벨과 남매 사이인 찰스였다. 그런데 찰스가 왕위를 물려줄 후계자 없이 사망하자 프랑스에서는 영국에 있는 이사벨의 아들 중 한 명이 왕위를 물려받게 되리라고 생각했다. 그러나 놀랍게도 찰스는 임종을 맞으면서 자신과 이사벨의 사촌인 필립 6세에게 왕위를 물려주었다.

땅따먹기 싸움

11세기 이후 영국은 영국 해협 건너편 프랑스 북부지역에 대한 소유권을 영유해왔는데 프랑스는 그 지역을 돌려달라고 요구했다. 1337년에는 프랑스의 필립 6세가 프랑스 내 영국 영토인 기엔 지역을 영국으로부터 탈환했다. 영국 왕 에드워드 3세는 그 땅을 다시 돌려달라고 요구하면서 이를 위해 전쟁도 불사하겠다고 선언했다. 그때까지만 해도 이 땅따먹기 싸움이 100년을 끌 것이라고는 아무도 상상하지 못했다.

영국의 연승

백년전쟁의 서막은 영국의 연이은 승리로 장식되었다. 영국은 1346년 크레시 전투에서 큰 승리를 거두었고 이듬해인 1347년에는 칼레 시를 포위해 점령했다. 칼레는 북프랑스로 들어가는 매우 중요한 관문이었다. 영국은 이 지역을 장악함으로써 그들의 동맹국인 플랑드르와 더욱 밀접한 관계를

영국 왕 에드워드 3세

유지할 수 있었다. 이후 1356년 푸아티에 전투에서는 '흑태자 에드워드(Edward, the Black Prince)'로 알려진 에드워드 3세의 장남이 프랑스군을 격파하고 장 2세를 사로잡았다.

백년전쟁의 제2막에 해당하는 1380년 이후에는 두 나라 모두 내부 권력 다툼에 휘말려 불안한 휴전 상태가 이어졌다. 비록 양국 간의 커다란 군사적 충돌은 줄어들었지만 이 와중에도 영국은 프랑스의 여러 도시와 마을을 빈번하게 침략하고 점령했다. 이와 달리 프랑스는 도시와 마을이 약탈당하고 유린되는 상황에서도 전쟁에 적극적으로 개입하지 않았다.

잔 다르크의 초상화

꺼져 가는 전쟁의 불씨 •

1413년 헨리 4세의 뒤를 이어 영국 왕이 된 헨리 5세는 프랑스의 내분을 틈타 다시금 프랑스 왕위를 요구하며 전쟁을 일으켰다. 헨리 5세가 아쟁크루에서 커다란 승리를 거둔 후 양국 간에는 애매한 평화가 찾아왔다. 헨리 5세가 프랑스 공주 캐서린과 결혼한 덕분에 맞이한 정략적인 평화였다. 그러나 1422년 헨리 5세가 사망하자 두 나라는 다시 전쟁의 포화 속으로 들어갔다.

그로부터 7년 후인 1429년에는 프랑스의 잔 다르크(1412~1431년) 구원병이 오를레앙에서 영국군에게 크게 승리하면서 전쟁은 중대한 전환점을 맞이했다. 그 뒤 영국과 내통한 부르고뉴인들에게 붙잡힌 잔 다르크가 영국에 의해 이단죄로 재판을 받은 후 화형을 당하면서 전세는 역전에 역전을 거듭했다.

그러나 프랑스같이 넓은 나라에서 프랑스 귀족들의 폭넓은 지지가 없는 한 영국이 프랑스를 다스릴 수 없을 것이라고 확신한 친영파 오를레앙 필리프 공작은 1435년 프랑스 쪽으로 돌아섰다. 그러자 파리는 다시 프랑스 왕의 지배를 받게 되었다. 샤를 7세는 영국의 왕위를 둘러싸고 일어난 장미전쟁을 틈타 노르망디를 정복하고 1453년까지 아키텐 전역을 점령했다. 이렇게 끝이 없을 것같이 이어지던 전쟁도 15세기 중반에 접어들면서 서서히 불씨가 꺼져들었다.

유럽의 변화

영국이 프랑스 땅에서 최후까지 점령했던 프랑스 북부의 칼레 지역은 1558년에 프랑스로 넘어갔다.

백년전쟁은 당시 서유럽 국가들의 국민 의식 변화에 있어 하나의 이정표가 되었다. 수많은 승리와 좌절을 맛본 뒤 영국은 결국 전체 유럽 국가 위에 군림하려는 야망을 버렸고 각 군주들은 국내 발전에 더욱 치중하게 되었다. 그리고 힘든 싸움 끝에 왕위를 지킨 발루아 왕가의 업적으로 프랑스는 단지 이름뿐인 왕국에 머물지 않고 유럽 내의 독립 군주국가로서 당당한 위치를 차지하게 되었다.

백년전쟁 그 후 •

백년전쟁이 끝난 후 유럽에서는 명예와 체면을 중요하게 여기는 기사도 정신이 유행했다. 이러한 기사도 정신은 부르고뉴 왕조에 이르러 최고조로 확산되었다. 14~15세기에 들어 사람들은 전투에 직접 나가는 것보다 귀족들의 과시 행위나 공적인 의례에 기사도 정신의 가치를 더 많이 두게 되었다.

이와 함께 백년전쟁 이후에는 죽음에 대한 의식에도 큰 변화가 생겼다. 많은 사람들이 죽음의 의미를 더 깊이 생각하게 되었고, 특히 전쟁터에서의 죽음은 고귀하고 영광스러운 것으로 간주되었다. 이러한 사조에 따라 웅장한 개인 묘지들이 다시 생겨났고 화려하고 값비싼 장례 행사가 행해졌다.

11장 ◆ 가시 돋친 가문 간의 싸움

장미전쟁

서막 •

장미전쟁은 영국 플랜태저넷 왕가의 두 가문인 요크 가문과 랭커스터 가문이 왕위를 놓고 싸운 전쟁을 말한다. 1154년부터 1399년까지 약 250년간 영국은 요크 가문에 의해 통치되었다. 그 기간에 스코틀랜드와 웨일즈를 영국의 지배령으로 편입시키는 등 요크 가문은 꽤 성공적으로 영국을 지배해왔다. 그러던 중 1399년에 랭커스터 가문의 헨리 볼링부르크가 요크 가문의 왕 리처드 2세로부터 왕위를 빼앗고 왕좌에 오르게 되었다.

헨리 4세 •

왕위를 찬탈한 후 헨리는 리처드를 감옥에 보냈다. 리처드는 그곳

에서 단식으로 사망한 것으로 전해진다. 비록 헨리 4세(재위 1399~
1413년)가 사촌인 리처드 2세로부터 강제로 왕권을 빼앗긴 했지만
헨리 4세와 그의 아들 헨리 5세(재위 1413~1422년)는 국민들로부터
신망받는 왕이었다. 그 시기에 영국은 프랑스 대부분의 지역을 포
함한 광활한 영토를 자국에 귀속시켰다. 따라서 리처드 2세의 가문
인 요크가도 별다른 불만을 가지지 않았다. 헨리 4세 이후 양대 가
문은 큰 충돌 없이 오랜 기간 평화를 유지했다.

요크가의 회생

1422년 헨리 5세가 죽은 뒤 영국은 오랫동안 헨리 6세(재위 1422~
1461, 1470~1471년)의 소수당이 지배했다. 그런데 이 기간에 영국은
프랑스에 대한 지배력을 크게 상실했다. 물론 여기에는 백년전쟁에
서 영국군을 물리친 프랑스의 소녀 영웅 잔 다르크의 활약도 한몫
했다.

국력이 쇠약해진 영국에서는 다시 내분이 일기 시작했다. 여기에
무기력한 국왕 헨리 6세가 정신이상 증세까지 보이자 정국은 더욱
요동쳤다. 이때가 1452~1453년 무렵이었다. 이쯤 되자 요크 가문
에서는 헨리 6세의 할아버지인 헨리 4세가 요크 가문 출신의 리처
드 2세로부터 강제로 왕위를 빼앗은 사실을 다시 문제 삼기 시작했
다. 왕권에 대한 자신들의 정통성을 회복하겠다는 시도였다.

끊이지 않는 전쟁 •

두 가문 간의 전쟁이 다시 시작되었다. 크고 작은 전투가 시도 때도 없이 이어졌고 서로 간에 암살이 빈번했다. 이때 벌어진 전투들이 모두 장미전쟁이다.

마침내 1471년, 전쟁 종식의 계기가 나타났다. 헨리 6세가 요크가에 의해 살해된 것이다. 정권을 장악한 요크가는 에드워드 4세를 왕좌에 앉혔다. 이후 에드워드 4세가 죽을 때까지 영국은 평화로운 시절을 맞이했다. 1483년 에드워드 4세는 어린 아들을 남기고 사망했다. 자연스럽게 왕위는 그의 아들 에드워드 5세에게 이어졌다. 그런데 문제는 왕이 너무 어리다는 데에 있었다. 어린 왕은 주변의 매파들로부터 자신을 지키기에 역부족이었다.

결국 1483년 어린 왕은 아버지의 동생이자 자신의 삼촌인 리처드 3세로부터 왕위를 찬탈당했다. 이후 어린 왕을 보거나 그에 대한 이야기를 들은 사람은 아무도 없었다. 리처드 3세의 집권은 1485년까지 계속되었다. 이 시기에 요크가와 랭커스터가 사이에는 작은 전투들이 끊임없이 이어졌다. 당연히 왕궁의 분위기는 흉흉할 수밖에 없었다.

마지막 전투 •

리처드 3세는 그다지 신망받는 왕이 되지 못했다. 국민과 신하들로

부터 존경받지 못하는 왕실이 어떤 종말을 맞는지는 역사가 여러 차
례 증명한 바 있다. 리처드 3세에게 반감을 가진 요크가의 반대파들
은 랭커스터 가문의 헨리 튜더에게 희망을 걸었다. 1485년 8월 22
일, 프랑스와 요크가 반대파들의 지원을 받은 헨리 튜더는 보즈워스
전투에서 리처드 3세의 군대를 물리치고 지루한 전쟁을 끝냈다. 보
즈워스 전투는 장미전쟁의 마지막 전투가 되었고 리처드 3세는 이
전투에서 살해되었다.

　이를 계기로 헨리 튜더 왕조가 영국의 왕위를 잇게 되었다. 나중
에 헨리 7세로 왕위에 오른 헨리 튜더는 1486년 에드워드 4세의 딸
엘리자베스와 결혼했다. 이로써 요크 가문과 랭커스터 가문이 하나
로 통합되었고 왕권을 둘러싼 싸움은 종식되었다. 이들의 아들이
바로 그 유명한 헨리 8세이다.

셰익스피어와 장미전쟁 ·

윌리엄 셰익스피어의 초상

헨리, 리처드, 플랜태저넷, 요
크, 랭커스터, 튜더…. 아무리
들어도 헷갈리고 머리가 지끈
거리는가? 그렇다고 해서 자신
을 책망할 필요는 없다. 혼자
만 그런 것이 아니다. 오죽했

으면 대문호 셰익스피어도 이 복잡한 역사를 하나씩 정리하기 위해 장미전쟁을 소재로 무려 일곱 편의 희곡을 썼을까. 이 희곡들은 〈헨리 ~세〉, 〈리처드 ~세〉 등으로 제목이 붙여졌고, 사람들은 이를 '셰익스피어의 히스토리 사이클'이라고 말한다.

왜 장미전쟁인가?   ·

이 전쟁들을 왜 '장미전쟁'이라고 부를까? 역사를 배우면서 누구나 한번쯤 이런 의문을 가졌을 것이다. 답은 의외로 간단하다. 요크가와 랭커스터가는 각각의 가문을 상징하는 심벌을 가지고 있었다. 요크 가문은 하얀 장미, 랭커스터 가문은 빨간 장미가 그들의 상징이었다.

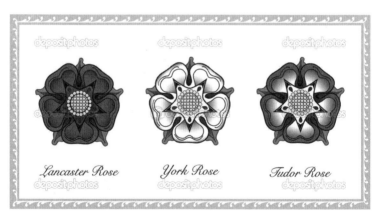

영국의 세 왕조를 상징하는 장미

장미전쟁을 종식시킨 헨리 튜더는 후에 '튜더 장미'라는 심벌을 만들었다. 이에 따라 두 가문 간의 전쟁을 '장미전쟁'이라 부르게 되었다. 전쟁에서 승리한 랭커스터 가문의 붉은 장미가 요크 가문의 흰 장미를 감싸고 있는 형태로 만들어졌다. 이는 두 가문의 화합을 상징하기도 하지만, 한편으로는 승자와 패자를 확실하게 구분하는 의미를 가지고 있기도 하다.

유럽에서 이교도에 대한 종교 재판은 12세기부터 시작되었다. 당시 기독교인들은 기독교 외의 종교가 유럽에 확산되는 것을 두려워했다. 프랑스와 영국, 이탈리아의 귀족 가문 기독교인들은 신성한 교회에 이교도들이 발을 붙이지 못하도록 뿌리째 제거해야 한다고 생각했다. 이에 따라 이교도로 낙인찍힌 사람들은 교회에서 쫓겨났을 뿐만 아니라 모든 재산을 몰수당하고 심지어 산 채로 화형당하기도 했다.

이후 수세기가 흐르면서 이교도에 대한 잔혹한 처단은 그 방법이 많이 완화되었지만, 400년이 넘도록 변하지 않은 한 가지가 있었다. 그것은 이교도로 심판을 받은 사람의 재산은 하나도 남김 없이 모두 몰수한다는 것이었다. 왜 그랬을까?

12세기까지 이교도에게 사형을 선고하는 것은 매우 드문 일이었다. 그런데 불행히도 그 즈음 교회가 이교도를 처단하고 재산을 몰수하면서 돈맛을 알게 되었다. 이후 이교도에게 사형 판결을 내리는 일이 기하급수적으로 늘어났고 이와 함께 바티칸 장부의 흑자 규모도 그만큼 불어났다.

1184년 교황 루키아스 3세를 필두로 교회는 유럽의 각 지방정부에 이교도 처단권을 나눠 주기 시작했다. 맥도날드 체인점이 늘어 나듯 이교도 처단권은 유럽의 모든 지역으로 퍼져 나갔다. 이처럼 각 지역에 이교도 처단권을 내주면서 바티칸은 각 지역이 일정 수의 이교도들을 반드시 처단하도록 할당하고 권고했다. 이렇게 해서 교회는 이교도들로부터 몰수한 재산의 일부를 정기적으로 거둬들였다.

12장 ◆ 아무도 믿지 않은 진실

동방견문록

탐험의 시작

마르코 폴로는 1254년 이탈리아 베니스에서 태어난 것으로 추정된
다. 그의 역마살은 아버지와 삼촌으로부터 물려받았다. 그의 아버
지와 삼촌은 마르코가 아주 어렸을 때부터 아시아 각지를 탐험했
다.

마르코는 17세 때 처음으로 동방 탐험 길에 올랐다. 아버지, 삼촌
과 함께 베네치아를 떠나 일생일대의 탐험을 시작한 것이다. 처음
에 뱃길로 시작한 탐험은 육지에 올라 아르메니아와 페르시아, 아프
가니스탄 등을 거쳐 중국에 도착한 후 고비사막을 가로질렀다. 이
렇게 역경과 고난의 여정을 거쳐 집을 떠난 지 4년 만에 그들은 드
디어 샹투(상도)에 도착했다. 당시 샹투는 중국을 통일하고 세계를
제패한 몽골 제국 황제 칭기즈 칸의 후손인 쿠빌라이 칸이 세운 원

나리의 여름 수도였다.

마르코와 쿠빌라이 칸 •

쿠빌라이 칸(재위 1260~1294년)은 서양에서 온 이방인들에게 큰 관심을 가졌다. 특히 마르코에게 호감을 가진 쿠빌라이는 마르코의 가족 모두가 샹투에 머물기를 희망했다. 사실 그것은 희망이 아니라 명령이나 마찬가지여서 마르코 가족은 그의 요구를 거절할 수 없었다. 쿠빌라이가 그들에게 언제까지 그곳에 머물라는 말을 하지 않았기 때문에 마르코의 가족은 돌아갈 기약이 없는 몽골 생활을 시작해야 했다.

마르코 폴로 초상화

쿠빌라이는 마르코의 가족에게 여러 가지 중요한 직책을 맡겼다. 마르코의 아버지와 삼촌은 쿠빌라이 군대의 자문 역할을 했다. 그들은 쿠빌라이를 위해 최선을 다해 일했고, 황제는 그들의 생활에 부족함이 없도록 모든 편의를 제공했다.

마르코는 당시 3~4개국 언어를 구사할 수 있었다. 쿠빌라이는 마르코를 중국의 각 지방으로 보내 현지 정보를 구해 오도록 했다. 이와 함께 마르코는 쿠빌라이 칸이 전쟁을 통해 손에 넣은 새로운 정복지에 파견되어 피정복민들의 동태와 통치 상황을 파악해 쿠빌라이에게 보고하는 임무도 맡았다. 그 와중에 마르코는 그와 가족이 샹투에 영원히 머물지 않을 것임을 쿠빌라이가 잊지 않도록 하기 위해 부단히 노력했다.

24년 만의 귀향 •

마르코 가족이 원나라에서 쿠빌라이 칸을 위해 일한 지 17년이 지나자 황제는 그들이 고향으로 돌아갈 수 있도록 허락했다. 그들이 고국으로 떠날 때 쿠빌라이는 원나라 공주를 페르시아까지 데려다주도록 했다. 공주는 페르시아 왕자와 정혼이 되어 있었다.

페르시아까지는 멀고도 험한 여정이었다. 마르코 일행은 꼬박 2년이 걸려 페르시아에 도착할 수 있었다. 그런데 페르시아에 도착해보니 그 사이에 페르시아 왕자는 이미 이 세상 사람이 아니었다. 다행인지 불행인지 죽은 왕자에게는 아들이 있었고, 공주는 왕자 대신 그의 아들과 결혼하게 되었다. 공주의 속마음은 과연 기뻤을까 슬펐을까.

1295년 마르코 가족은 비로소 고향인 베네치아에 도착했다. 돌아오는 길에 비록 터키에서 강도를 만나 금품을 빼앗기기는 했지만,

그래도 떠날 때보다는 훨씬 부지기 되이 돌아왔다. 그들은 무려 24년간이나 타국에서 생활했다. 모국어인 이탈리아어를 거의 잊어버렸고 그들과 가까웠던 친척이나 지인들이 대부분 사망하거나 먼 곳으로 떠나 그들이 누구인지를 설명하는 데 큰 애를 먹었다.

동방견문록 •

당시 이탈리아는 여러 도시국가로 나뉘어 있었고 베네치아는 제노바와 전쟁 중이었다. 1298년, 마르코도 전쟁에 참전했다가 적군의 포로가 되어 제노바 감옥에 수감되었다. 그곳에서 만난 사람이 바로 작가 루스티치아노였다.

루스티치아노는 감옥에서 마르코의 모험담을 듣고 그것을 글로 옮겼다. 1년 후 감옥에서 나온 두 사람은 그들의 원고를 책으로 출간했다. 그것이 바로《동방견문록》이었다. (원제는 'Description of the World, 세계의 서술'이었는데, 우리는 일본에서 붙인 제목을 그대로 따라 쓰고 있다. 좀 더 신중한 역사적 접근이 필요하다.)

원제가 시사하는 바와 같이 마르코는 이 책을 포괄적인 세계 지리서로 만들고 싶어 했다. 이 책에는 마르코와 그의 아버지, 삼촌이 오랜 기간 몽골에서 생활하면서 직접 보고, 듣고, 겪은 경험담이 주로 들어 있다. 그러나 이 책에는 일본, 에티오피아 등 마르코 일행이 전혀 가보지 않은 지역에 관한 기술도 포함되어 있었다. 이러한 부분은 마르코가 풍문으로 듣거나 여행을 하면서 만난 사람들로부터 주워들은 이야기를 각색해 옮긴 것이었다.

당시에는 아직 인쇄술이 발명되지 않았기 때문에 그들의 책은 모두 한 부 한 부 손으로 써서 만들어졌다. 그런데도 그 책은 순식간에 베스트셀러가 되어 모든 유럽 국가의 언어로 번역되어 팔려 나갔다. 신나는 일이었지만 마르코 폴로는 마냥 기뻐할 수만은 없었다.

스토리텔러 마르코 폴로 ●

당시 유럽 사람들은 마르코 폴로가 쓴 책의 내용을 믿으려 하지 않았다. 책 내용은 모두 허구이며 있을 수 없는 일이라고 생각했다. 책에 의하면 중국은 매우 발달된 문명국이고, 서양보다 훨씬 부자이며, 모든 것이 더 크고 빠르고, 화려한 나라였다. 쿠빌라이 칸이 4만 명이나 되는 하객을 모아 놓고 연회를 열었다는 이야기를 사람들은 믿을 수 없었다. 특히 적도 남쪽에 사람이 산다는 사실은 더욱 있을 수 없는 일이었다. 당시의 상식으로는 적도 아래쪽은 불모의 땅으로 도저히 사람이 살 수 없는 것으로 알려져 있었다.

따라서 유럽 독자들은 마르코의 책을 신기하고 재미있는 우화집 쯤으로 생각했다. 그런데 그것이 독자들의 호기심을 더욱 자극해 누구나 그 책을 구해 읽기를 원했다. 덕분에 쿠빌라이 칸은 전설적인 영웅으로 등극했고 마르코는 최고의 이야기꾼이 되었다. 그때부터 사람들은 마르코 폴로의 말은 모두가 지어낸 것이라고 생각하게 되었다.

모험 끝 •

이제 마르코는 더 이상 모험을 떠나지 않았다. 그 후 20여 년간 마르코는 아내 도나타, 세 딸과 함께 베네치아에서 조용히 살았다. 그러나 마음 한구석에는 자신이 마치 사실이 아닌 것을 사실인 듯 꾸며내는 거짓말쟁이나 이야기꾼 정도로 취급되는 것이 무척이나 섭섭했다. 그리하여 그는 여생을 명예 회복을 위해 애쓰며 살았다. 하지만 그의 노력과 바람에도 마르코에 대한 세간의 평가는 그가 죽을 때까지 그다지 달라지지 않았다. 그의 나이 70세가 되어 병상에 누워 임종을 맞는 자리에서 친구가 그에게 간곡하게 말했다.

"마르코, 이제는 자네의 이야기가 모두 지어낸 것이었다고 사실대로 털어놓고 떠나게."

원망의 눈초리로 친구를 보며 마르코는 대답했다.

"나는 내가 실제로 본 것의 절반도 이야기하지 못했어."

13장 ◆ 뜬소문을 남긴 영웅

나폴레옹

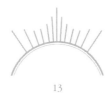

13

평균보다 큰 나폴레옹, 키 작은 영웅이 된 전말 •

프랑스 황제였던 나폴레옹 보나파르트(1769~1821년)의 키는 약 167센티미터였다. 지금의 기준으로 보면 좀 작다고 할 수 있지만 당시 사람들의 표준으로는 결코 작은 키가 아니었다. 1800년대 전후 파리 사람들의 평균 신장은 약 164센티미터였다. 따라서 나폴레옹은 당시의 평균보다 큰 키에 속했다. 그런데도 왜 사람들은 그의 키가 작았다고 이야기할까?

첫 번째 이유 •

나폴레옹은 언제나 호위병들과 함께 다녔다. 나폴레옹의 호위병들의 키는 하나같이 190센티미터를 웃돌았다. 이에 상대적으로 나폴레옹은 매우 왜소해 보였다. 나폴레옹의 키가 150센티미터도 되지 않는다는 루머가 파다했지만 앞서 언급했듯이 실제로 나폴레옹은 당시 프랑스인의 평균 신장보다 컸다.

그런데 단지 호위병들 때문에 오늘날 나폴레옹의 키가 이렇게 작아진 것만은 아니다. 사실 그가 사망하기 전까지는 그의 키가 정확히 얼마인지 세상에 알려지지 않았다.

두 번째 이유

나폴레옹이 죽은 후 그를 부검한 프랑스 의사는 그의 키가 5피트 2인치(약 160센티미터)라고 발표했다. 그런데 당시 프랑스의 길이 단위는 영국과 다소 차이가 있어서 이를 영국식으로 계산하면 5피트 6.5인치(약 167센티미터)가 되었다.

역사가들은 영국과 프랑스의 단위 차이를 감안하지 않고 프랑스가 발표한 5피트 2

나폴레옹 보나파르트

인치를 그대로 영국 수치로 받아들여 후세에 진했다. 이 때문에 지금까지도 나폴레옹은 키 작은 영웅의 대명사가 되었다.

나폴레옹의 지병

오늘날 전해지는 나폴레옹의 그림들을 보면 거의 대부분 나폴레옹이 한 손을 겉옷 안에 넣고 있는 자세를 취하고 있다. 그것을 보고 일부 의료계 인사들은 나폴레옹이 위궤양을 앓았고 그 때문에 항상 배에 손을 얹고 있었다고 말한다. 하지만 이것은 그다지 설득력 있는 해석은 아니다. 당시의 유행이었는지, 그 시대 남자들의 초상화 중에는 그런 자세를 취한 그림이 많이 눈에 띄기 때문이다. 하지만 누군들 알겠는가? 나폴레옹이 정말 배가 아팠는지, 아니면 한 손을 찔러 넣고 폼을 잡은 건지.

웰링턴 공작

웰링턴 공의 말말말

"워털루 전투의 승리는 이튼 스쿨 운동장에서 이루어졌다."

웰링턴이 했다고 전해지는 이 말은 진실일까, 거짓일까? 사실 위인전에 나오는 인물이 거짓말을 했다고 상상하는 사람은 없을 것이다. 그럼 위의 말은 진실이고 그가 한 말이었을까?

운동장 없는 학교 •

앞에서 나온 말은 워털루 전투에서 나폴레옹의 군사를 무찌르고 파리를 점령한 영국의 웰링턴 공작(아서 웰슬리, 1769~1852년)이 했다고 전해진다. 그가 영국의 왕립학교 이튼 스쿨에 다닐 때 그 교정에서 수련을 쌓은 것이 힘이 되어 워털루 전투에서 승리를 거둘 수 있었다는 의미이다.

그런데 사실 웰링턴은 그런 말을 한 적이 없다. 웰링턴이 이튼 스쿨에 다니던 시절에 이튼에는 운동장이 없었다. 따라서 수련은커녕 운동 경기도 할 수 없었고 심지어 체육시간조차 없었다. 청소년기에 필요한 신체 단련이나 팀워크 훈련 등을 통한 우정 고취 등은 이튼 스쿨에서 기대할 수 없었다.

죽은 후에 한 말 •

그러면 영국의 전쟁 영웅 웰링턴이 했다고 하여 유명해진 이 말은 도대체 어떻게 생겨난 것일까? 이 말은 프랑스 작가 몽따랑베르가 지어낸 말이다. 그는 자신의 저서《영국의 정치적 미래》에서 웰링턴이 그렇게 말했다고 썼다.

이 책은 웰링턴이 사망하고 3년 후에 출간되었다. 작가 몽따랑베르는 웰링턴 공작과 한 번도 대화를 나눈 적이 없고, 심지어 단 한 번도 그를 본 적이 없었다. 따라서 이튼 스쿨 운동장을 운운한 말은 몽따랑베르가 작가 정신으로 창조해 웰링턴에게 갖다 붙인 일종의 사생아적 문구였다. (아이러니하게도 몽따랑베르는 나폴레옹의 열렬한 지지자였다가 반대파로 돌아선 인물이다. 그에게 웰링턴은 어떤 존재였을까?)

몽따랑베르 •

내친 김에 하나 더 이야기해보자. 그러면 몽따랑베르는 누구였을까?

몽따랑베르는 1810년 4월 15일 런던의 백작 가문에서 태어나 1870년 3월 13일, 환갑을 한 달쯤 앞두고 파리에서 사망했다. 그는 19세기 프랑스의 유명 정치가이자 역사가로 폭넓은 활동을 했다. 당시 프랑스 교회와 국가 절대주의에 대항하며 투쟁을 이끌었던 중요한 인물이다.

몽따랑베르는 1833년부터 가톨릭 신부 미네가 창간한 〈위니베르를리지외〉지에 글을 게재하면서 프랑스 가톨릭 언론계를 이끌기 시작했다. 1848년 프랑스 의회 의원으로 활동하면서 나폴레옹을 전폭적으로 지지했다. 그러나 후에 그는 이런 행동을 '내 생애의 가장 큰 실수'라고 말하며 후회했다.

1849년 6월 파리 폭동이 일어났을 때는 반란군이 주창한 사회주의와 민중 통치를 두려워해 언론 자유를 제한하는 법에 찬성표를 던지기도 했다. 그 후 1851년 쿠데타로 정권을 잡은 나폴레옹이 혹독한 독재정치를 하자 나폴레옹과 사이가 멀어졌다.

웰링턴의 말로 둔갑한 '이튼 스쿨 운동장' 외에도 그가 남긴 유명한 말이 또 있다.

"당신이 정치를 외면해도 소용없다. 정치가 당신을 그냥 내버려두지 않기 때문이다."

당시나 지금이나 정치가 희한저이긴 마찬가지였던 듯하다.

14장 ◆ 제독의 피

럼주

관 속의 럼주

1805년 트라팔가르 전투에서 영국의 넬슨 제독(호레이쇼 넬슨, 1758
~1805년)은 나폴레옹의 군대를 크게 물리치고 승전한 후에 전사했
다. 제독의 시신을 영국으로 이송하면서 해군은 부패를 막기 위해
럼주 통 안에 시신을 넣어서 옮겼다. 그런데 본국에 도착해보니 통
안의 럼주가 한 방울도 남아 있지 않았다. 병사들이 통 아래에 구멍
을 내고 럼주를 모두 받아 마신 것이다.

　믿거나 말거나 한 이야기지만 그 이후 영국에서는 다크 럼을 '넬
슨 제독의 피'라고 불렀다.

해군과 럼주 •

영국 바다에서 럼주의 역사는 이보다 훨씬 오래전부터 시작되었다. 넬슨 제독의 피가 되기 150년 전인 1655년부터 영국 해군에서는 병사들에게 선상에서 럼주를 배급했다. 쉽게 상하는 맥주나 물 대신 오래 보관할 수 있는 럼주를 배급한 것이다.

1731년까지 영국 병사들은 하루에 약 250cc 정도의 럼주를 매일 공급받았다. 그런데 문제가 생겼다. '낮술에 취하면 애비도 못 알아본다'고 했던가, 술에 약한 병사들이 낮술 밤술에 취해 돛에서 떨어지고 갑판에서 굴러다녔다.

술 때문에 병사들의 기강이 바다 밑으로 가라앉는 것을 해군에서는 더 이상 두고 볼 수 없었다. 알코올 도수를 낮추기 위해 그때부터 해군 병사들의 럼주는 물타기에 들어갔다. 이후 영국 함대에서는 럼주와 물을 1 대 1로 섞어서 병사들에게 공급했다. 이러한 영국 해군의 '제독의 피' 배급 전통은 1969년까지 이어졌다.

넬슨 제독의 피

럼주에 대한 짧은 상식 •

럼주는 색깔에 따라 크게 세 가지로 구분된다. 가장 진한 색을 띠는 것은 '다크 럼'이라고 하고, 그보다 연한 갈색

빛의 럼주는 '골드 럼', 그리고 무색의 투명한 럼주는 '화이트 럼'이라고 한다. 그중 우리가 흔히 '해적의 술'이나 '넬슨 제독의 피'라고 부르는 것은 '다크 럼'이다.

| 뜻밖의 효능을 지닌
디기탈리스 |

    1775년 영국. 윌리엄 위더링이라는 의사가 있었다. 그의 환자 중에 다리 아래쪽이 심하게 부어오르는 부종으로 고생하는 중년 여성이 있었다. 요즘 같으면 아마도 울혈성 심부전에 의한 부종이라고 쉽게 진단하고 치료할 수 있었을 것이다. 오늘날 심부전증은 심장의 펌프 기능에 장애가 발생해 혈액순환이 원활하지 못하고 충분한 양의 산소를 말초 조직에 공급할 수 없는 증세로 이미 잘 알려져 있다.

    하지만 당시의 의술은 오늘날과 큰 차이가 있었고 위더링 박사는 여성에게 아무런 치료나 처방도 할 수 없었다. 박사는 그녀가 오래 살지 못할 것이라고 확신했다. 그런데 놀랍게도 몇 주 후에 박사를 다시 찾아온 여성은 병이 완치되어 있었다. 깜짝 놀란 박사는 그동안 도대체 무슨 일이 있었는지 물었다. 여성은 단지 이웃집에서 준 약초 차를 마셨을 뿐 다른 치료는 받은 적이 없다고 대답했다.

    위더링 박사는 그 약초가 무엇인지 매우 궁금했다. 약초 차의 재료와 레시피에 대한 상세한 설명을 들은 박사는 그것이 중세에 민간요법으로 부종을 치료하는 데 쓰였던 디기탈리스 잎이라는 사실을 알게 되었다. 그때부터 위더링 박사는 디기탈리스의 효능을 본격적으로 연구하고 실험했다.

　결과는 놀라웠다. 디기탈리스 추출물은 부종에 의한 붓기를 가라앉히는 데 뛰어난 효과를 보였고, 심장 기능을 향상시켜 혈액순환을 원활하게 했다. 오늘날에도 디기탈리스 추출 의약품은 울혈성 심부전증 치료에 널리 사용되고 있다.

디기탈리스

15장 ◆ 게으르고 열정적인

샌드위치 백작의 식사

15

'샌드위치'라는 이름

샌드위치 백작의 이름은 사실 샌드위치가 아니었다. 그의 실제 이름은 존 몬테규였다. 샌드위치는 그가 살았던 지역의 이름이다. 샌드위치는 영국 남동부 항구에 위치한 지방 도시였다. 1729년, 11세의 소년 존 몬테규는 4대 백작이 되면서 자신이 살던 지방의 이름을 따서 '샌드위치 백작'이라는 작위를 받았다. 만일 그가 버밍햄 지역에 살았다면 지금 우리가 먹고 있는 샌드위치의 이름도 버밍햄이 되었을 것이다.

도박광의 잭팟

1718년 런던에서 태어난 존 몬테규는 이튼 스쿨과 케임브리지 대학을 졸업하고 상원의원이 되었다. 미국 독립전쟁 당시에는 영국의 해군장관으로 활약하기도 했다. 그때부터 이미 그는 대단한 미식가로 정평이 나 있었다.

존 몬테규는 카드놀이를 즐겼다. 좀 더 솔직하게 말하자면 그는 도박광이었던 것이다. 공무가 바쁘지 않거나 특별한 집안일이 없을 때는 식사를 걸러 가며 24시간이 넘도록 마라톤 도박을 하기도 했다.

그러던 어느 날 밤, 여느때와 다름없이 그는 도박에 빠져 이미 서너 끼를 거른 상태였다. 허기가 져 뱃속에서는 밥 달라는 소리가 요

샌드위치 백작

란했고 손에 든 카드가 빵 조각으로 보일 지경이었다. 그래도 그는 식사를 하기 위해 도박 테이블에서 자리를 뜨고 싶지는 않았다. 이때 세상을 바꾼 아이디어가 백작의 머릿속에 떠올랐다.

당시 영국 귀족들은 매 끼니마다 격식을 갖춰 정찬으로 식사를 했다. 당연히 포크, 나이프, 스푼이 가지런히 진열되어 있었고 빵과 야채,

스테이크, 과일 등이 언제나 식탁 위에 올라왔다. 백작의 아이디어는 이 모든 것을 한꺼번에 먹는 것이었다. 썰어 놓은 빵과 빵 사이에 고기와 치즈, 야채를 함께 넣고 접시 하나에 올려 포크와 나이프를 포기하고 도박 테이블로 가져갔다. 한 손엔 식사를, 다른 한 손엔 카드를 들고 두 가지를 동시에 해결할 수 있는 기상천외한 묘수를 생각해낸 것이다.

샌드위치 아일랜드 •

오늘날 간식이나 간단한 점심식사로 애용되고 있는 샌드위치를 당시 백작은 밤낮을 가리지 않고 도박을 하면서 자주 먹었다. 함께 카드놀이를 하는 사람들이 보기에도 백작의 식사는 참으로 간편하고 효율적인 것이었다. 친구들도 너나 할 것 없이 백작의 식사를 따라 하기 시작했다. 이를 본 주변 사람들이 그 음식의 이름이 무엇이냐고 물었다. 하지만 특별히 이름이 있을 리가 없었다. 백작의 친구들은 그저 '샌드위치 백작이

하와이 지도

좋아하는 식시'라고 알려주었다. 이렇게 해서 샌드위지는 샌드위치가 되었다.

샌드위치라는 이름이 오직 음식에만 붙여진 것은 아니다. 1778년, 샌드위치 백작의 후원을 받아 태평양을 항해했던 영국의 탐험가 제임스 쿡은 자신이 발견한 섬의 이름을 '샌드위치 아일랜드'라고 지었다. 오늘날의 하와이가 바로 그 먹음직스러운 샌드위치 아일랜드이다.

16장 ◆ 유언비어가 만든 역사 1

마리 앙투아네트

16

마리 앙투아네트 •

1789년 10월, 프랑스 빈민들이 베르사유 궁 근처 거리를 걷고 있었다. 때마침 루이 16세의 왕비 마리 앙투아네트(1755~1793년)가 그곳을 지나는 중이었다. 추위와 허기에 떨고 있는 빈민들을 보고 마리 앙투아네트가 신하에게 물었다.

"왜들 저러고 있는 거지?"

신하가 대답했다.

"빵이 없어서 굶주리고 있습니다."

앙투아네트는 혀를 끌끌 차며 한심하다는 듯 말했다.

"빵이 없으면 브리오슈(작은 케이크의 일종)를 먹으라고 해."

장 자크 루소 •

그로부터 200년이 훨씬 지난 오늘날까지 마리 앙투아네트의 이 말은 많은 사람들 사이에 회자되고 있다. 당시 매우 궁핍한 생활을 했던 프랑스 국민에 대한 왕비의 무관심과 냉담, 오만과 독선을 적나라하게 드러내는 말로 상징되어 왔다.

그런데 사실 여기에는 치명적인 오류가 담겨 있다. 실제로 마리 앙투아네트는 그런 말을 한 적이 없다. 혹자는 왕비를 수행했던 궁녀가 한 말이라고 하지만, 왕비가 말했다고 누명을 쓰기 20여 년 전 장 자크 루소가 지은 책에 이미 그 문구가 담겨 있었다.

마리 앙투아네트

더구나 마리 앙투아네트가 말했다는 브리오슈는 프랑스 왕가에서만 만들어 먹었기 때문에 시중에서는 절대 구할 수 없는 것이었다. 따라서 빵 대신 케이크를 먹으라는 왕비의 말은 와전된 것이 분명할 뿐만 아니라, 아마도 누군가가 마리 앙투아네트를 시기해 그녀를 폄하하기 위해 만들어낸 것이 확실해 보인다.

만약 마리 앙투아네트가 그 말을 실제로 했다면 이는 왕궁에 있는 브리오슈를 빈민들에게 주겠다는 말로 해석되어 무관심과 냉담이 아니라 왕비의 자비로 받아들여야 할 것이다.

우윳빛 피부의 금발 미인 •

마리 앙투아네트는 오스트리아 출신이었다. 때문에 당시 프랑스 왕궁에는 그녀를 시기하는 세력들이 적지 않았다. 마리는 작고 날씬한 체구의 금발 미인이었다. 우윳빛 피부에 장밋빛 볼, 백조처럼 긴 목의 우아한 자태를 지니고 있었다. 이렇게 눈부신 외모 또한 왕궁의 귀족 여인들에게는 시기의 대상이 되었다.

왕비가 된 후 마리 앙투아네트는 여느 왕비들처럼 다이아몬드와 금은보화로 치장을 하고 무도회 등 사적인 파티에 자주 참석했다. 그로 인해 그녀가 사치와 방탕의 지존처럼 평가되어왔지만 당시 화려함의 극치를 보였던 프랑스 왕궁 내의 다른 귀족들보다 그녀가 특별히 더 사치스러웠던 것은 아니다.

마리의 일기 •

마리 앙투아네트가 왕비로서 정치에 적극적으로 참여했던 것은 아니지만 식량이 부족해 많은 국민들이 굶주림에 허덕인다는 소식을 접했을 때, 그녀는 일기에 이렇게 썼다.

"그러한 불행에도 불구하고 국민들이 우리에게 너무나 잘 대해주는 것을 보면 우리는 그들의 행복을 위해 더 열심히 일해야 할 의무가 있다. 국왕도 이것을 이해하고 있는 것 같다."

17장 ◆ 유언비어가 만든 역사 2

마타 하리

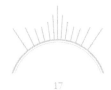

마타 하리 •

마타 하리는 제1차 세계대전 동안 독일을 위해 몸을 팔며 첩보 활동을 한 매혹적인 섹시 댄서이자 스파이로 알려져 있다. 이는 잘못된 정보였고 당시 그녀가 미모를 앞세워 남자를 이용하고 버리는 사악한 요부로 치부되게 하는 데 큰 공헌을 했다. 하지만 그녀가 실제로 프랑스의 비밀을 빼내 독일에 제공했다는 증거는 어디에도 없다. 그런데도 마타 하리는 1917년 입증되지 않은 죄로 사형 선고를 받고 처형되었다.

여명의 눈동자 •

마타 하리는 1876년 네덜란드의 레우바르덴에서 태어났다. 본명은 마르가레타 게르트루이다 젤레이다. 무척이나 터프하게 느껴지는 이름이다. 별칭인 '마타 하리'는 인도네시아어로 '여명의 눈동자'라는 뜻이다.

그녀는 꽃다운 19세의 나이에 인도네시아 주둔군 장교가 신문에 낸 '신부 구함' 광고를 보고 응모해 남편 루돌프 맥클레오드를 만났다. 달콤한 신혼 생활을 꿈꾸며 마타 하리는 머나먼 타향 인도네시아 자바로 건너갔다. 그러나 그들의 신혼은 그다지 달콤하지 않았다. 평탄치 않은 결혼 생활을 이어가던 중 아들마저 사고로 잃자 그녀는 모든 것을 팽개치고 파리로 건너갔다. 마타 하리의 댄서 이력은 그때부터 시작되었다.

마타 하리

꿈과 현실

마타 하리는 프랑스에서 댄서로 데뷔하자마자 폭발적인 인기를 한 몸에 누렸다. 파리 관객들은 이국적인 동양 미녀(마타 하리는 자신이 인도네시아 귀족 출신이라고 소문을 내고 다녔다.)의 야하고 끈적끈적한

섹시 댄스에 열광했고 그녀의 벗은 몸을 탐닉했다. 인기에 고무된 마타 하리는 댄서로서 더 큰 꿈을 실현해야겠다는 야망을 키웠다. 그녀는 야망을 이루기 위해 한때 이탈리아 오페라 하우스에서 수차례 댄스 공연을 하기도 했다. 그러나 팬들이 진정으로 그녀에게 원한 것은 고리타분한 클래식 댄스가 아니라 아슬아슬한 알몸이 만들어내는 고혹적인 섹시 미였다. 이처럼 파리 시민들에게 마타 하리는 그저 오락거리에 불과했다. 때문에 유명 댄서가 된 이후에도 마타 하리는 고관대작들의 개인 파티나 술자리에 빈번하게 불려가 섹시 댄스 공연을 하곤 했다.

'이제는 말할 수 있다'

1915년 이후 마타 하리의 일과 인생은 가파른 내리막길로 접어들기 시작했다. 인기가 쇠락하고 자신이 춤출 수 있는 무대가 점점 사라지자 마타 하리는 무대가 아닌 침대에서, 관객이 아닌 뭇 남성들과 그야말로 본격적인 알몸 춤을 추기 시작했다. 최근 세상에 밝혀진 프랑스의 '이제는 말할 수 있다'라는 파일에는 당시 마타 하리와 침대 춤을 함께 추었던 굵직굵직한 유명인들의 이름이 수도 없이 들어 있었다.

그들의 이름을 이제는 말할 수 있다. 작곡가 지아코모 푸치니, 프랑스 국방부장관 아돌프 메시미, 프로이센 황태자, 네덜란드 총리,

독일 대사관 육군 장교 폰 칼레 등….

죽음의 섹스 •

고위 관료들과의 섹스 행각은 결국 마타 하리를 죽음으로 몰고갔
다. 1917년 그녀는 프랑스 당국에 체포되어 독일 여간첩으로 기소
되었다. 마타 하리의 간첩죄를 입증하기 위해 프랑스는 독일이 마
타 하리를 스파이로 고용할 목적으로 작성했다는 소위 비밀 문건의
암호를 해독했다고 발표했다. 그러나 프랑스는 그 외에 마타 하리
가 독일에게 첩보를 제공했다는 그 어떤 증거도 제시하지 못했다.
뿐만 아니라 여러 명의 프랑스 고위 관료들은 오히려 마타 하리가
독일의 동향에 관한 정보를 여러 차례 프랑스 정보국에 제공했다고
진술했다.

그릇된 형장의 소문 •

프랑스 당국이 제시한 독일 비밀 문건에 대해 마타 하리는 자신과
잠자리를 함께 했던 독일 대사관 장교 폰 칼레가 육군의 은행계좌
에서 돈을 빼내 자신에게 주기 위해 허위로 만든 서류라고 주장했
다. 말하자면, 대사관 장교 칼레가 접대비 등의 지출 내역을 날조해
군비를 횡령하려고 만든 서류였다는 것이다. 그러나 사실이 어쨌든

마타 하리는 독일 여간첩이라는 죄목으로 사형 선고를 받고 1917년 총살형에 처해졌다.

소문에 의하면 그녀는 총살 현장에서 저격수들의 정신을 흐트러 뜨리기 위해 옷을 벗어 던졌다고 한다. 하지만 이는 말 만들기 좋아 하는 사람들의 허풍일 뿐이다. 비록 그동안 고급 콜걸의 행각을 보였지만, 생의 마지막 순간에도 그녀가 옷을 벗은 것은 아니다.

고양이를 채찍으로 때릴 만한 충분한 증거가 없었다 ·

그로부터 40년 후 프랑스의 앙드레 모네 검사는 마타 하리 사건에 대해 "고양이를 채찍으로 때릴 만한 충분한 증거가 없었다."고 실토 했다.

죽음을 맞기 전, 재판 중에 마타 하리는 사건 관계자를 증인으로 채택하는 것이 금지되었다. 그녀를 유죄로 몰고간 증거물은 모두 앞뒤가 맞지 않는 모순투성이였다.

많은 역사가들은 (당시 거의 극에 달했던) 독일에 대한 프랑스인의 히스테리가 마타 하리를 사형수로 만들었다고 비난했다. 그리고 그녀가 독일인들과 섹스를 했다는 사실에 대한 일종의 질투나 앙심도 작용했을 것이라고 말한다.

　고대 그리스의 격투기 경기는 말 그대로 '사투'였다. 지금처럼 하나의 쇼가 아니라 죽기 살기로 싸움을 했기 때문에 실제로 경기 중 투사가 죽어나가는 경우가 허다했다. BC 564년, 피갈리아(아폴로 에피쿠리오스의 신전이 있는 그리스의 고대 도시)의 투사 아라치온은 권투와 레슬링이 혼합된 고대 그리스 올림픽의 격투기 결승전에 출전했다. 주먹으로 쳐도, 발로 차도, 넘어뜨려 짓눌러도 되는 매우 거친 경기였다.

　한참 격렬한 싸움이 진행되다가 두 선수가 모두 바닥에 쓰러졌다. 잠시 후 한 선수가 간신히 일어나 앉았다. 그리고는 그대로 항복을 해버렸다. 아라치온의 상대 선수였다. 당연히 아라치온의 승리였다. 그런데 아라치온은 승리의 기쁨을 누릴 수 없었다. 이미 사망한 상태였기 때문이다. 이렇게 해서 그는 죽은 채 고대 올림픽 세계 챔피언이 된 처음이자 마지막 시체가 되었다.

고대 그리스의 격투기 경기

18장 ◆ 통계와 수의 달인?

나이팅게일의 비밀

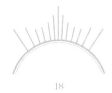

18

직업명 간호사 ·

'간호사'라는 직업은 플로렌스 나이팅게일이 맨 처음 만들어낸 것은
아니다. 당시 영국의 병원에는 이미 간호 업무를 담당하는 여성들
이 있었다. 주로 천주교 수녀들이 봉사를 하거나 거리의 창녀들이
돈을 받고 그 일을 하고 있었던 것이다. 나이팅게일은 전문 교육을
통해 당시 3D 업종이었던 간호 업무를 고급 전문직으로 탈바꿈시켰
다.

아버지의 극심한 반대 ·

나이팅게일의 아버지는 딸이 간호사가 되는 것을 극구 반대했다.
그러나 그녀에 대한 교육열만큼은 하늘을 찔렀다. 나이팅게일 자매는 이탈리아어와 라틴어, 그리스어, 프랑스어, 독일어 등 세계 여러 나라의 언어와 함께 철학, 역사, 수학 등을 아버지에게 직접 배웠다.

정신 쇠약과 아버지의 후원 •

간호사라는 직업에 대한 가족의 반대, 오래전부터 청혼해온 남자와의 결혼 문제 등으로 고민하던 그녀는 1849년에 일시적인 정신 쇠약에 시달리기도 했다.

　어려움을 무릅쓰고 나이팅게일이 간호사가 되자 아버지 윌리엄 나이팅게일은 딸의 든든한 후원자가 되었다. 부유했던 이 아버지는 딸이 경제적으로 주눅 들지 않고 자신 있게 생활할 수 있도록 거금 500파운드를 매년 나이팅게일에게 보내주었다.

통계와 수의 달인? •

나이팅게일은 통계와 수의 달인이었다. 그녀는 골치 아픈 통계자료를 그래프로 쉽게 풀어내는 데에 천부적인 재능을 지녔다. 나이팅게일은 각종 사회적 이슈의 결과가 객관적으로 측정되고 수학적으로

플로렌스 나이팅게일

분식될 수 있다는 사실을 자신의 업무를 통해 증명했다.

"나라를 운영할 사람들은 통계 활용법을 배워야 한다."

통계의 달인답게 그녀가 남긴 말이다.

발명가 나이팅게일 ●

나이팅게일은 발명가이기도 했다. 그녀는 업무의 효율성을 높이기 위해 다음과 같은 물건을 직접 고안하여 발명했다.

- 병실 바닥을 흐르는 온수 파이프
- 환자용 식사를 나르는 음식 승강기
- 환자가 간호사를 부를 때 누르는 벨

몸져누운 나이팅게일 ●

1857년에 전쟁터에서 돌아온 나이팅게일은 병마에 시달렸고 심리적으로도 외상 후 스트레스 장애를 겪었다. 안타깝게도 그녀는 남은 생의 대부분을 침대에서 보냈다.

베스트셀러 작가 나이팅게일 •

1861년에 출간된 나이팅게일의 저서《간호 노트》는 세계 각국의 언어로 번역되어 수백만 부가 팔려나가는 밀리언셀러가 되었다.

부와 명예를 등진 삶 •

나이팅게일은 미국 남북전쟁 당시 북군의 의료팀 창설에 도움을 주기도 했다. 많은 업적에도 나이팅게일은 자신의 부와 명예에는 전혀 관심이 없었다. 그녀는 언론 인터뷰나 사진 촬영에 절대로 응하지 않았고, 공식적인 행사에도 결코 모습을 드러내지 않았다. 심지어 그녀를 위한 시상식장에도 나타나지 않았다. 그러자 사람들은 그녀가 실제로 세상을 떠난 시기보다 훨씬 이전에 그녀가 이미 사망했다고 생각했다.

나이팅게일의 마지막 나날 •

나이가 들면서 시력이 점점 나빠진 나이팅게일은 1901년에 이르러 거의 실명이 되다시피 했다. 1907년 영국 국왕은 나이팅게일에게 여자로서는 최초로 메리트 훈장을 수여했다. 당국에서는 그녀가 세상을 떠나면 웨스트민스터 사원에 국장할 것을 제의했지만 그녀는 모든 것을 사양했다.

나이팅게일은 1910년에 사망하여 자신의 희망에 따라 6명의 영국군 하사관에 의해 햄프셔주 이스트 웰로우에 있는 시골 교회의 가족묘에 묻혔다.

19장 ◆ 연합군 유령부대의 사기극과

노르망디 상륙작전

사기극의 전말 •

제2차 세계대전 당시 히틀러는 연합군이 독일군 진영을 침공할 것이라는 사실을 알고 있었다. 그는 연합군이 영국해협을 건너 프랑스 칼레로 쳐들어올 것이라고 확신했다. 그 바닷길이 영국에서 내륙으로 들어오는 가장 가깝고 편한 길이었기 때문이다. 하지만 칼레는 히틀러의 대서양 진지 중에서 가장 강력한 부대가 진을 치고 있는 철옹성이었고, 이곳으로 침공하는 것은 연합군에게는 자살 행위나 다름없었다. 그러자 연합군은 히틀러의 예상과 달리 칼레를 피해 노르망디 상륙을 계획했다.

가짜 군대의 창설

독일군을 교란시키기 위해 연합군의 아이젠하워 장군은 실제로는 존재하지 않는 가상의 군대를 만들어 미군 제1진을 도버 근처의 영국 해안에 주둔시켰다. 그곳은 도버해협을 사이에 두고 프랑스 칼레와 바로 마주한 지역이었다. 아이젠하워는 있지도 않은 이 유령 군대의 사령관으로 독일군이 가장 두려워하는 미국의 패튼 장군을 임명했다.

유령부대 디자인

연합군의 유령부대가 실제로 독일 침공 준비를 하고 있는 것처럼 보이도록 하기 위해 아이젠하워는 공기를 주입해 만든 가짜 탱크와 나무로 만든 가짜 폭격기, 그리고 격납고처럼 보이는 텐트를 설치하고 독일 정찰기들이 그 모습을 촬영해 가게 했다. 뿐만 아니라 라디오 방송국에서는 실제 군대가 주둔해 있을 때와 같이 늘 해오던 방송을 그대로 내보냈다. 신문은 있지도 않은 기사와 관혼상제 광고까지 내보냈다. 또한 가짜 군사 문서와

제2차 세계대전 당시 독일군의 타이거 II

131

보고서 등을 만들고 그것이 독일군의 손에 흘러들어가게 했다.

〈내셔널 지오그래픽〉 매거진 •

이 군사 사기극에는 심지어 〈내셔널 지오그래픽〉 매거진까지 동원
되었다. 미군 제1진은 유령부대가 사용하는 가상의 휘장과 견장 등
의 액세서리를 수록한 대형 특집기사를 만들어 〈내셔널 지오그래
픽〉에 게재했다. 미군은 이 잡지를 일정 부수 인쇄하여 독일까지 배
포했다. 그 이후에 가짜 기사를 드러낸 후에 재인쇄하여 다시 배포
했다.

노르망디 상륙 •

그 후로도 연합군은 칼레 인근의 해협에 지속적으로 관심을 보이는
것처럼 행동했다. 실제 침공이 있기 전 몇 주 동안 연합군 공군은 프
랑스 내 다른 어느 지역보다 칼레 부근에 더 많은 폭탄을 퍼부었고,
해군 또한 칼레 인근의 바다를 들락날락하면서 독일군의 신경을 건
드렸다.

  드디어 노르망디 침공 당일, 연합군은 칼레 주변 상공에 은박지
들을 떨어뜨렸고 독일군 레이더는 그것이 해협을 건너오는 연합군
전투기라고 인식했다. 이로 인해 바로 그 시간에 노르망디로 향하

는 연합군의 실제 비행함대에 대해서는 레이더도, 독일군도 새까맣게 모르고 있었다. 이 사기극으로 독일군의 베를린 사령부에서는 육해공군의 모든 군사력을 엉뚱하게도 칼레에 집중시키도록 했다.

작전 끝!

노르망디 상륙작전의 성공은 히틀러와 그의 휘하 장군들을 완전히 기만한 연합군 유령부대가 이루어낸 쾌거였다. 노르망디 침공이 진행되는 순간에도 히틀러는 연합군 본진이 칼레로 쳐들어올 것이라고 믿고 부대를 노르망디로 움직이지 않았다. 히틀러가 유령에게 속았다는 사실을 알아챘을 때는 이미 모든 것이 끝나 있었다. 연합군은 독일의 대서양 옹벽을 순식간에 무너뜨리고 파리로 진격하는 중이었다. 유령부대는 어느 누구도 상상하지 못했던 혁혁한 전과를 거두었다. 피 한 방울 흘리지 않고.

노르망디 상륙작전

20장 ◆ 누군가의 영웅, 누군가에게는 학살자

콜럼버스

크고 이상한 배

신대륙 아닌 신대륙을 발견해 개척(?)의 신호탄을 쏜 사람, 콜럼버스. 수많은 역사가들은 그를 신대륙을 발견한 위대한 탐험가라고 칭송하지만, 이번 장에서는 역사 교과서에서 가르치지 않는 그의 양면성에 대해 이야기해보자.

중앙아메리카와 인접한 대서양 연안의 바하마 섬에는 예로부터 섬의 주인인 아라왁(Arawak) 부족이 풍부한 자원으로 자급자족을 하며 평화로운 생활을 하고 있었다.

어느 날, 이전에는 본 적 없는 엄청 크고 이상한 배 한 척이 큰 물결을 일으키며 들어와 한가로운 백사장에 어두운 그림자를 드리웠다. 1492년 10월 12일의 일이었다.

이상한 배에서 내린 사람들은 배만큼이나 이상해 보였다. 한결

같이 덩치가 산 만했고, 피부는 희었으며, 번쩍거리는 철갑옷을 치렁치렁 걸치고 있었다. 그중에서도 특히 우두머리로 보이는 사람은 무시무시하게 긴 칼을 뽑아들고는 무슨 소린지 모르는 말을 계속해서 거칠게 내뱉었다. 그 와중에도 아라와 부족은 자신들의 땅을 찾은 낯선 손님들을 친절하게 맞으며 호의를 베풀었다.

부족민들은 피부가 흰 이방인들에게 목화와 당근 등 여러 가지 물건을 제공해주었고, 이방인들의 대장 크리스토퍼 콜럼버스도 그들의 호의를 기꺼이 받아들였다. 토속민의 선량한 환대로 바하마에 무혈 입성한 콜럼버스는 어이없게도 훗날 다음과 같은 기록을 남겼다.

"불과 50명의 군사로 나는 원주민을 완전히 제압했다. 그 후 그들은 내가 시키는 일이면 무엇이든 했다."

원주민 착취 •

바하마 섬에 도착한 뒤로 콜럼버스는 금에 욕심을 냈다. 당시 아라와 부족민들 대부분이 금장식 귀걸이를 하고 있는 것을 보았던 것이다. 이를 본 콜럼버스는 금을 캐기 위해 그들을 착취하기 시작했다. 콜럼버스의 강요에 의해 원주민들은 그를 히스파니올라 섬으로 안내했다. 콜럼버스는 그곳에 금이 산더미처럼 쌓여 있을 것이라고 믿었다.

후에 바하마를 떠나면서 콜럼버스는 금 수확을 위해 39명의 선원을 그곳에 남겨 두었다. 그리고 수십 명의 원주민 인디언들을 인질로 잡아 스페인으로 데려갔다. 스페인에서 그는 (어리석게도) 페르디난드와 이사벨라에게 이렇게 보고했다.

"아시아 대륙에 깃발을 꽂았습니다. 앞으로 그곳에서 엄청난 양의 금과 금속을 캐 올 수 있을 겁니다."

아시아라고?

물론 콜럼버스의 말은 틀렸다. 그곳은 아시아가 아니라 아메리카 연안이었던 것이다. 그러나 그의 잘못된 보고에도 스페인의 통치자들은 금이라는 말에 귀가 솔깃해졌다.

그들은 콜럼버스에게 아시아(?) 신대륙을 재탐험하라고 허락했다. 이번에는 규모도 엄청나게 커졌다. 17척의 배와 1,200명이 넘는 선원이 콜럼버스에게 하사되었다. 이러한 대 선단을 이끌고 콜럼버스는 대망의 아시아

콜럼버스의 신대륙 발견

(그는 칠석같이 그렇게 믿었다.)로 두 번째 항해를 떠났다. 이번 항해의 목적은 명백했다. 최대한 많은 금을 채취하고 최대한 많은 노예를 잡아오는 것이었다.

노예사냥 •

히스파니올라에 도착한 콜럼버스는 금 채취를 위해 자신이 남겨두었던 선원 39명이 원주민들에 의해 모두 사살되었다는 사실을 알고 크게 분노했다. 그러나 그보다 더욱 그를 격분케 한 것은 기대와 달리 히스파니올라에 금이 거의 없다는 사실이었다. 어떻게든 비싼 항해에 대한 보상의 길을 찾아야 했던 콜럼버스는 그때부터 눈에 불을 켜고 닥치는 대로 노예사냥에 나섰다. 그 결과 500여 명의 원주민이 노예 수송선에 실려 스페인으로 끌려갔고, 그중 약 200명이 항해 중에 숨졌다.

금 할당량 •

그래도 콜럼버스는 여전히 금에 대한 욕망을 버리지 못했다. 자신에게 투자한 사람들에게 빚을 갚기 위해서는 금이 필요했기 때문이다. 금을 모으기 위해 다시 아이티 섬으로 돌아간 콜럼버스는 14세 이상의 섬 주민들에게 3개월에 한 번씩 일정량의 금을 의무적으로 상납하도록 명령했다. 할당량을 채우지 못한 원주민은 손목이 잘리고 피를 흘리며 죽어갔다. 그런데 그곳의 금은 광산에서 캐는 것이 아니라 강가에서 모래알처럼 박힌 사금을 채취해야 했기 때문에 콜럼버스가 요구한 할당량을 채우기는 거의 불가능했다.

차라리 카사바 독을 삼킨 원주민들 •

이러한 콜럼버스의 횡포에서 벗어나기 위해 도망치는 원주민은 개들에게 쫓겨 사냥을 당하고 살해되었다. 그 때문에 당시 섬 전체에는 원주민들이 스스로 목숨을 끊는 일이 빈번했다. 스페인 사람들의 손아귀에 넘어가 노예처럼 사느니 차라리 카사바 독을 삼키고 죽음을 택한 것이었다. 콜럼버스가 처음 육지에 상륙해 만났던 아라와 부족은 그들의 아이들이 스페인으로 끌려가는 것을 막기 위해 갓난아이들을 죽이기도 했다.

콜럼버스와 원주민

콜럼버스가 남긴 것 •

콜럼버스가 신대륙에 닻을 내

리기 전까지 아메리카 원주민들은 평화와 조화 속에서 행복한 삶을 누리고 있었다. 콜럼버스가 우연히 신대륙을 발견하면서 그곳에 남긴 유산은 과연 무엇이었을까? 원주민들에게 그것은 다름 아닌 평화의 종식과 종족의 말살이었다.

오늘날과 달리 과거에는 대부분의 사람들이 귀신이나 악마의 존재를 실제로 믿었다. 그리고 퇴마사나 무속인들은 사회적으로 중요한 위치를 차지하고 많은 영향을 미쳤다.

1867년 2월, 일본 도쿄에 유명한 무속인이 살고 있었다. 마을 사람들은 그가 악마를 볼 수 있고 또 퇴치할 수 있다고 생각했다.

그해 2월, 한 벌의 기모노를 함께 입었던 한 가정의 10대 소녀 세 명이 원인을 알 수 없는 병에 걸려 모두 사망했다. 당시 주위 사람들은 기모노에 악마가 붙은 것이 분명하다고 생각했다. 무속인은 기모노에 붙은 악마를 쫓아내야 했다.

무속인이 큰 횃불을 만들고 엄숙한 의례를 치른 후 기모노에 불을 붙였다. 그런데 바로 그 순간, 잠잠했던 하늘에서 갑자기 세찬 바람이 불어왔다. 손을 쓸 틈도 없이 무시무시한 바람은 횃불과 기모노를 휩쓸어 갔다. 순식간에 근처의

기모노

목조 건물에 불이 붙었다.

　결국 이 저주의 기모노는 도쿄의 4분의 3을 잿더미로 만들었고, 10만 명이 넘는 사람들의 목숨을 앗아갔다.

21장 ◆ 우상으로 남은 혁명의 아이콘

체 게바라

감투를 박차고 •

'혁명의 아이콘'으로 불리는 아르헨티나 출신의 체 게바라. 1950~
60년대에 세계사를 이끈 그의 인기는 세계적인 슈퍼스타이자 '로큰
롤의 제왕'인 엘비스 프레슬리를 능가했다.

아르헨티나 부에노스아이레스 대학에서 의학을 공부한 의사 출
신 체 게바라(1928~1967년)는 쿠바 혁명 당시, 최고 사령관 피델 카
스트로를 보좌하는 부사령관으로 활약했다. 1956년부터 1958년까
지 강력한 독재자 풀헨시오 바티스타를 상대로 한 힘겨운 싸움에서
게바라는 카스트로와 함께 기적을 이룩해냈다. 이길 수 없는 싸움
을 승리로 이끌어낸 것이다.

이 전쟁에서 세운 공로로 게바라는 수많은 벼슬자리에 올랐고 그
의 머리 위에는 베레모 대신 감투가 얹혀졌다. 쿠바 산업부 장관, 국

립은행 총재, UN 대표 등 화려하고 파워풀한 수식어가 그의 이름을 대신했다. 하지만 그는 이렇게 배부르고 따뜻한 자리에 안주하지 않았다. 그 모든 것을 뿌리치고 핍박받는 이들의 해방을 위해 게릴라 전쟁터로 떠난 것이다.

오합지졸 시민군 •

카스트로가 생각하기에 게바라는 너무 과격한 인물이었다. 게바라는 쿠바 혁명에서의 승리가 세계 혁명을 위한 하나의 과정일 뿐이라고 생각했다. 그는 끊임없는 혁명을 추구했지만 카스트로는 쿠바를 이끌어가는 것이 더욱 중요하다고 생각했다. 게바라가 구 소련을 '무너진 혁명국', 미국을 '제국주의'라고 공공연히 비난할 때 카스트로의 마음은 편치 않았다. 따라서 게바라가 쿠바를 떠나 농민전쟁을 위해 다시 총을 잡겠다고 했을 때, 카스트로는 그를 순순히 보내주었다.

　체 게바라의 첫 번째 혁명 목표는 벨기에령의 콩고였다. 1965년에 그는 카스트로에게서 소규모의 쿠바 군대를 지원받아 광활한 아프리카로 넘어갔다. 그는 콩고 국민들이 벨기에 식민 통치자에 대항해 자발적으로 일어서서 자신의 진영에 들어오면 강한 군대가 조직될 것이라고 기대했다. 하지만 그들의 군대는 강하지 않았다. 훈련되지 않은 오합지졸 시민군은 벨기에 군대와 부딪쳤을 때 제대로 힘 한번 써보지 못하고 와르르 무너져내렸다. 결국 콩고는 아프리카의 가장 부패한 독재자 모부투의 손에 넘어갔다.

베테랑 게릴라 ●

콩고에서 패전한 후 게바라는 다시 쿠바로 돌아갔다. 하지만 그것이 게바라의 혁명 의지를 꺾은 것은 아니었다. 1966년 가을, 그는 위조 여권을 가지고 볼리비아로 잠입했다. 이번에도 게바라는 볼리비아의 농민들이 자본주의 압제자들에 대항해 스스로 봉기할 것이라고 기대했다. 하지만 결과적으로 그의 판단은 완전히 빗나가고 말았다.

체 게바라

당시 게바라의 게릴라 부대에는 볼리비아인뿐만 아니라 페루, 쿠바, 아르헨티나인들이 모두 섞여 있었다. 볼리비아 정부는 이를 이용해 외국인 도적떼들이 교외 곳곳에 출몰해 주민을 해치고 약탈해간다고 발표했다. 볼리비아 국민들은 이에 잔뜩 겁을 먹을 수밖에 없었다. 게바라 부대가 도착한 마을의 농민들은 군대에 동참하기는커녕 모두 도망을 치고 사람의 그림자는 찾아볼 수 없었다. 현지인의 지원을 전혀 받지 못한 혁명군은 당연히 배고프고 사기도 떨어졌다. 게바라는 이런 내부의 문제를 해결하면서 싸움을 계속해야 했다.

게릴라전에 있어서 게바라는 최고의 베테랑이었다. 그는 1954년 멕시코에서 스페인 시민전쟁(1936~1939년)에 참전한 장교 출신 알베르토 바요로부터 게릴라전의 모든 것을 배웠다. 1967년 여름, 바요의 수제자답게 그는 자신의 게릴라 부대를 볼리비아 군에 침투시켜 급습을 감행하고 적들을 크게 유린했다. 이로써 그는 현지 민중의 지원 없이도 게릴라전을 승리로 이끌 수 있다는 자신감을 갖게 되었다.

미군 특수부대의 개입

사태가 악화되자 볼리비아의 무력군 수장은 미국에 지원을 요청했다. 이에 따라 미국 육군 제8 특수부대가 볼리비아에 지원군을 보냈다. 볼리비아에 파견된 16명의 그린베레는 케추안 인디언으로 구성된 제2 특수 유격부대를 창설하고 고도의 훈련을 시켰다.

1967년 10월 8일, 게바라와 그의 부하들은 특수부대원들에게 완전히 포위되었다. 잠시 몇 번의 총성이 오갔다. 상황은 그것으로 끝이었다. 다리에 상처를 입은 게바라는 그 자리에서 체포되었다. 볼리비아 군인들이 그를 들것에 눕혀 인근 도시로 옮겼다. 볼리비아 군은 라디오를 통해 게바라의 군대가 특수부대원들에 의해 섬멸되었고, 체 게바라는 전투 중 사살되었다고 발표했다.

민중의 영웅 •

게바라의 체포 작전에는 미국 CIA도 개입했다. 게바라를 생포한 후 쿠바 출신의 CIA 요원인 펠릭스 로드리게스는 그의 사형 집행을 위해 볼리비아 군으로 파견되었다.

사형 집행 당일, 부상당한 채 갇혀 있는 게바라에게 로드리게스가 다가갔다. 이제 곧 그가 처형될 것이라고 요원이 말했다. 게바라는 천천히 일어나 "독재자의 총에 죽게 되어 천만다행"이라고 말했다. 부사관 한 명이 총을 들고 다가가 게바라를 겨누었다. 로드리게스의 신호와 함께 한 발의 총성이 울렸다. 게바라가 피를 흘리며 쓰러졌다.

힘없는 민중의 해방을 위해 무자비한 압제자들과 맞서 싸웠던 혁명가의 꿈은 비록 실현되지 못한 채 슬픈 종말을 맞았지만, 체 게바라는 오늘날 세계 젊은이들의 우상이 되었다. 그를 숭배하는 수많은 세계 청년들의 티셔츠 속에서 그는 지금도 함께 살아 숨 쉬고 있다.

22장 ◆ 물결처럼 일어난

남미 대륙의 혁명

식민지의 불안과 희망 •

1800년대 초반, 브라질을 제외한 남미의 거의 모든 지역은 스페인의 통치하에 있었다. 그로부터 25년 후 남미는 스페인으로부터 독립을 했는데, 그 일은 어떻게 가능했을까?

당시 남미의 식민지 국민들 중에는 다수의 불만 계급이 있었다. 그중 하나가 남미인과 스페인 사람 사이에서 태어난 인종 '크레올'이었다. 그들은 항상 자신들의 모국으로부터 소외되어 있다는 생각을 지니고 살았다. 식민지의 모든 권력은 본국인 스페인에서 태어난 왕족의 측근이 장악했고 크레올들은 언제나 피식민 계급으로 남아야 했다.

한편, 먹고 살 길이 막막한 남미 토속인들은 스페인 사람들이 자신들의 조상으로부터 빼앗은 농장에서 죽도록 일해야 했고, 흑인들은 모두 노예 생활을 했다. 더욱이 경제가 급격히 쇠락하자 지역 상인들은 높은 세금과 이자, 수송비로 인해 생활고에 시달려야 했다. 그로 인해 피식민 계급 사이에서는 식민 계급에 대한 불만이 팽배해 있었다. 이에 따라 18세기 내내 크고 작은 반란이 끊이지 않았지만 모두 실패로 돌아갔다. 그러던 중 한 세기가 바뀌고, 미국과 프랑스에서의 혁명이 성공을 거두면서 스페인령 식민지 국민들도 다시금 희망을 품게 되었다.

나폴레옹이 준 기회

1807년, 나폴레옹이 스페인과 포르투갈을 정복하기 위해 프랑스 군대를 출정시켰다. 이렇게 스페인에 몰아친 전쟁의 회오리는 남미 국가에 기회가 되었다. 그로부터 수년 동안 남미 대륙 전체에는 반란과 폭동의 소용돌이가 휘몰아쳤다.

신이 걸어 간 기회

다소 불안한 상태이긴 했지만 1811년에 파라과이가 독립을 이루었다. 또한 같은 해에 베네수엘라에서도 독립을 쟁취하기 위한 혁명이 성공적으로 시작되었다. 그러나 1812년, 베네수엘라에 대지진이 일어나 독립군이 주둔하던 지역을 초토화시켰다. 그런데 이상하게도 스페인군 진영에는 지진의 피해가 거의 미치지 않았다. 독립군들은 이런 현상이 신이 혁명을 허락하지 않았기 때문이라고 생각했다. 이때부터 상황은 급반전되었고 독립군의 사기는 바닥으로 곤두박질쳤다.

독립 영웅 산 마르틴 •

세상에 널리 알려지지 않았지만 아르헨티나에는 독립 영웅으로 추앙받는 산 마르틴(1778~1850년)이라는 인물이 있다. 그는 라틴 아메리카가 스페인으로부터 독립을 이루기 위해서는 어느 한 국가만이 아니라 남미 전체가 독립을 쟁취해야 한다고 생각했다. 1817년 산 마르틴은 아르헨티나와 칠레인들로 구성된 군대를 이끌고 안데스 산맥을 넘어 칠레의 왕당파를 무찌르고 독립의 기반을 다졌다.

무혈입성 •

칠레에서의 승전으로 힘을 키운 산 마르틴은 자신의 군사력을 바탕으로 페루의 독립을 위한 평화 협상을 시도했다. 그러나 오랜 동안의 협상이 결국 실패로 돌아가자 그는 다시 군대를 움직이기 시작했다. 이에 겁을 먹은 왕당파는 제대로 맞서지도 못하고 그대로 줄행랑을 쳤다. 1821년, 산 마르틴과 그의 지지자들은 페루 국민의 환호를 받으며 리마에 무혈입성 했다.

시몬 볼리바르의 그레이터 콜롬비아

독립의 물결은 계속해서 남미 대륙 북쪽으로 옮겨갔다. 남아메리카의 독립을 위해 공을 세운 많은 영웅들이 있었지만, 그중 가장 유명한 인물은 바로 시몬 볼리바르(1783~1830년)였다. 볼리바르는 베네수엘라 혁명의 지도자였다. 1815년 베네수엘라 혁명이 최종적으로 실패하자 그는 자메이카로 탈출했다. 그러나 불굴의 볼리바르는 거기서 주저앉지 않고 곧바로 새로운 투쟁을 시작했다. 아이티에서 군사를 모은 그는 1816년에 다시 베네수엘라로 돌아갔다. 그로부터 불과 3년 후 볼리바르는 베네수엘라를 해방시켰다. 뿐만 아니라 지금의 콜롬비아와 파나마 지역도 그에 의해 해방되었다.

시몬 볼리바르

1819년에 이들 지역은 '그레이터 콜롬비아'라는 하나의 국가로 통합되었고, 볼리바르는 초대 대통령에 취임했다. 이후 1822년에는 현재의 에콰도르를 해방시키고 이를 그레이터 콜롬비아에 편입시켰다. 후에 이 나라는 콜롬비아, 파나마, 베네수엘라, 에콰도르 등 여러 작은 나라로 분리 독립했다.

볼리바르와 볼리비아

1823년 페루의 새 정부는 볼리바르를 초청해 페루의 지도자가 되어 달라고 간청했다. 어느 누가 이러한 거래를 마다할 수 있을까. 그로부터 2년 후인 1825년에 페루 남부지역은 볼리바르가 만든 법에 의해 독립했다. 그 나라의 이름이 바로 볼리바르를 기념해 지어진 볼리비아이다.

산 마르틴의 초상화

라틴 아메리카의 독립

볼리바르는 콜롬비아, 베네수엘라, 에콰도르, 페루, 볼리비아 등을 해방시켰다. 산 마르틴은 아르헨티나, 파라과이, 칠레 등 남미의 남부 국가들을 해방시켰다. 이러한 해방의 물결은 라틴 아메리카 전체의 독

154

립운동에 기름을 부었다.

1821년에는 멕시코와 중앙아메리카가 스페인으로부터의 독립을 선언했고 이듬해에는 브라질도 포르투갈로부터 독립했다. 비록 볼리바르가 꿈꾸었던 남미 대륙 전체의 통일국가는 탄생되지 않았지만 볼리바르와 산 마르틴의 혁혁한 공적으로 라틴 아메리카는 유럽의 제국주의 통치에서 벗어날 수 있었다.

│ 엘리자베스 1세와

　　　　　　　　　월터 롤리 경의 첫 만남 │

　영국 여왕 엘리자베스 1세가 마차를 타고 수행원들과 함께 런던 거리를 지나고 있었다. 환호하는 시민들과 대화를 하기 위해 말을 멈추고 여왕이 마차에서 내리려 했다. 그런데 마침 여왕의 발아래에 질펀한 진흙 웅덩이가 놓여 있었다. 여왕이 난처한 표정으로 주위를 둘러보았다.

　그때 군중 속에서 한 남자가 불쑥 튀어나왔다. 그가 빠른 동작으로 입고 있던 외투를 벗었다. 한 치의 망설임도 없이 그는 여왕의 발 앞에 놓인 괘씸한 진흙탕 위에 자신의 고급 외투를 덮었다. 그가 바

로 영국의 유명 정치인이자 탐험가인 월터 롤리 경이었다. 16세기 영국 역사에서 중요한 역할을 한 엘리자베스 1세 여왕과 월터 롤리 경은 이렇게 진흙탕으로 맺어진 역사적인 조우를 했다.

　참으로 따뜻하고 감동적인 이야기가 아닌가. 그런데 안타깝게도 이 이야기는 사실이 아니다. 실제

월터 롤리 경

로 그런 일은 일어난 적이 없다. 이 이야기는 17세기 역사가 토마스 풀러가 지어낸 것이었다. 토마스 풀러는 지루한 역사 기록을 흥미롭고 재미있게 꾸미기 위해 이처럼 양념 같은 일화를 지어내 자신의 책 속에 수시로 뿌렸다. 역사가가 역사를 재미있게 전달하는 것은 좋은데, MSG를 마구 뿌려도 될까?

23장 ◆ 법 위에 군림하는 주먹

마피아

시칠리아의 비애 •

시칠리아의 역사만큼 오래된 세계적인 범죄 조직, 마피아. 마피아
의 어원은 '아름다움'이나 '자랑'을 뜻하는 시칠리아 섬의 언어에서
유래했다고 한다. 그런데 그들은 어떻게 조국 이탈리아가 아닌 미
국에서 활동하게 되었을까?

시칠리아는 지중해 무역의 최고 요충지에 자리 잡고 있다. 그 때
문에 오래전부터 여러 국가들
이 서로 이 섬을 차지하고 싶
어 군침을 흘렸다. 페니키아,
아랍, 그리스, 스페인, 프랑스
등이 줄줄이 시칠리아에 쳐들
어왔고, 불행히도 섬 주민들

시칠리아 섬

은 다양한 민족의 지배를 받아야 했다. 이렇게 오랜 세월 동안 억압받으면서 시칠리아 사람들은 자연히 외부인에 대해 배타심을, 지배 계층에 대해 반감을 가지게 되었다.

마피아의 태동

처음에 마피아는 이탈리아 시칠리아 섬의 항구도시 팔레르모의 빈민가에서 태동한 것으로 전해진다. 그때부터 이미 지역 주민들은 마피아를 '법 위에 군림하는 주먹'으로 인정했다.

미국인들이 마피아를 알게 된 것은 19세기 말과 20세기 초에 이탈리아인들이 미국으로 밀물처럼 밀려들면서부터였다. 당시 미국인들은 마피아를 단순한 조직폭력배쯤으로 생각했다.

미국의 리틀 이탈리아

리틀 이탈리아

1820년부터 1930년까지 약 1세기 동안 무려 470만 명에 이르는 이탈리아인들이 미국으로 건너왔다. 특히 19세기 말까지 미국으로 온 이탈리아인의 대부분은 시칠리아를 포함한 이탈리아 남부지방 출신이었다.

이 무렵부터 뉴욕과 뉴올리언스 지역 곳곳에서는 시칠리아 사람들이 주축이 된 '리틀 이탈리아'가 생겨나기 시작했다. 그들은 피지배의 역사를 통해 몸에 밴 공권력에 대한 거부감을 미국에서도 그대로 드러냈다. 이에 따라 그들 사이에서 일어나는 강도나 폭력 등의 범죄를 경찰에 의존하지 않고 시칠리아 방식대로 처리했다. 이탈리아 마피아가 미국에서도 부활한 것이다.

경찰 위의 마피아

1890년 미국 뉴올리언스에서 마피아를 조사 중이던 데이비드 헤밍스 경찰서장이 자신의 집 근처에서 처참하게 총에 맞아 쓰러지는 사건이 발생했다. 이 사건으로 19명의 마피아 우두머리와 조직원들이 체포되었지만, 재판에서 배심원들의 합의 불일치로 그들 모두 풀려났다. 당시 재판에 참여했던 배심원들은 마피아의 협박을 받고 매수되었다는 소문이 파다했다.

1899년에는 이탈리아와 마피아의 커넥션을 조사하던 뉴욕시 형사 조셉 페트로시노가 이탈리아 팔레르모시 광장에서 총에 맞는 사건이 발생했다. 이 총격 사건은 시칠리아 마피아의 전설적인 보스 중 한 명인 돈 비토 카시오 페로가 직접 주도한 것으로 알려졌으나, 경찰은 뉴욕 마피아를 잠시 조사하고 가볍게 단속하는 것으로 사건을 마무리했다.

마피아 비즈니스 •

1930년대 초 미국 마피아는 경쟁 관계에 있던 아일랜드와 유대계 갱들로부터 폭력 세계의 지배권을 빼앗았다. 그러나 1933년 미국에서 금주법이 폐지되자 마피아는 이윤을 남기지 못하는 밀주 제조를 중단했다. 대신 도박과 고리대금업, 마약밀매, 매춘 등에 관여하기 시작했다. 이를 바탕으로 마피아는 미국에서 가장 강력하고 규모가 큰 범죄 집단으로 성장했다. 나아가 그들은 범죄를 통해 얻은 수입을 호텔이나 식당, 유흥업소 등에 재투자해 합법적인 기업을 소유하기에 이르렀다.

1950년대부터 미국 마피아 조직은 전국에 흩어져 있는 24개의 '패밀리'가 주축이 되어 움직였다. 조직범죄가 행해지는 미국의 주요 대도시마다 패밀리가 하나씩 있었는데, 특히 뉴욕 시에는 5개의 패밀리가 있었다. 그중 가장 강력한 패밀리의 우두머리들로 구성된 위원회에서 마피아의 모든 사법적 기능을 수행했다. 패밀리의 우두머리는 '보스' 또는 '돈(don)'이라고 불렸다. 그들의 권위와 신분에 대해서는 오직 위원회만이 규제하거나 제한할 수 있었다.

아~ 옛날이여 •

현재 마피아의 세력은 예전에 비해 많이 쇠퇴했다. 그들이 지녔던 막강한 힘과 그들에 대한 세상 사람들의 호기심도 이제 빛바랜 추억이 되었다.

한때 미국 갱 영화의 전성기를 이끈 영화 〈대부〉가 1972년에 개봉되었다. 이 영화는 느와르 스릴러의 장인 마리오 푸조의 베스트셀러 소설을 바탕으로 만들어졌다. 마피아 조직의 비밀스런 이야기가 전 세계 많은 영화 팬들에게 큰 재미를 선사했다. 이 영화는 오스카 영화제에서 최우수 영화상을 받고 흥행에 성공했으며 여러 편의 후속작이 쏟아져 나왔다. 영화의 인기에 힘입어 마리오 푸조의 책도 지금까지 2,500만 부가 넘게 팔려 나갔다. 영화건 책이건 나오는 족족 대중적인 관심을 끄는 것을 보면, 오늘날의 위상과 상관없이 마피아가 세계 갱 역사에 한 획을 그은 것만은 분명하다.

링컨

24

소녀의 예언 ●

11세 소녀의 조언을 듣고 수염을 길렀더니 대통령에 당선되었다. 이것은 진실일까 거짓일까?

에이브러햄 링컨은 현재까지 백악관을 차지했던 45명의 미국 대통령 중 가장 뛰어난 인물로 평가받는다. 그의 지성과 유머, 열정은 타의 추종을 불허했다. 그러면 그의 패션 감각은 어떠했을까? 글쎄… 이 분야에서만큼은 그를 '리더'라고 부르기 어려웠을 것이다.

대통령 후보 시절 어느 날(정확히 1860년 10월 18일), 링컨은 자신의 편지함을 열었다. 그 안에는 한 소녀로부터 온 조언의 편지가 들어 있었다. 링컨은 편지를 읽고 웃음을 터뜨렸다. 편지에는 대통령 후보인 링컨에게 면도를 하지 말라면서, 그러면 대통령에 당선될 것이라고 쓰여 있었다. 뉴욕주 웨스트필드에 사는 11세 소녀 그레이스 베델이 보낸 편지에는 다음과 같은 내용이 들어 있었다.

"아저씨의 얼굴은 너무 가늘기 때문에 수염을 기르면 인상이 훨씬 더 좋게 보일 거예요. 곧 여자들이 아저씨를 더 좋아하게 돼서 남편에게 아저씨를 대통령으로 뽑으라고 말할 거예요. 그러면 아저씨가 대통령이 될 수 있겠죠."

수염의 진화 •

엉뚱하지만 진심 어린 소녀의 조언은 실제로 링컨의 마음을 움직였다. 링컨은 사진 찍는 것, 아니 사진 찍히는 것을 좋아했다. 그 덕분에 지금도 우리는 그의 수염이 자라는 모습을 생생하게 확인할 수 있다. 오늘날 사진으로 남은 링컨의 수염 변천사를 정리해보면 다음과 같다.

- 1860년 11월 26일 - 얼굴에 가느다란 구레나룻 선이 보인다.
- 1861년 1월 26일 - 수염이 꽤 자랐다. 그러나 아직 풍성하지는 않다.
- 1861년 2월 9일 - 수염이 양쪽 귀밑과 턱, 코밑을 모두 덮었다. 이것이 바로 우리가 아는 링컨 대통령의 모습이다.

소녀와의 조우 •

소녀의 예언은 적중했다. 링컨이 대통령에 당선된 것이다. 대통령에 취임하기 전, 링컨은 백악관에 입성하기 위해 일리노이에서 워싱턴으로 가던 중 웨스트필드를 깜짝 방문했다. 편지를 보내준 어린 소녀를 기억하면서 링컨은 웨스트필드의 대로에서 길거리 연설을 했다.

"대통령 후보 시절, 저는 여러분의 마을로부터 한 통의 편지를 받았습니다. 편지를 보낸 소녀는 저에게 수염을 기르라고 권했고 보시다시피 저는 소녀의 권고를 받아들였습니다. 그 소녀가 보고 싶네요. 혹시 여기에 그 소녀가 있나요? 그레이스 베델양이 여기에 있습니까?"

수염을 기르지 않은 링컨

작은 마을 주민들이 웅성거리며 부산하게 움직였고, 곧바로 그레이스가 링컨에게 다가왔다. 링컨이 허리를 굽혀 소녀에게 키스를 했다. 링컨의 수염이 소녀의 볼을 찌르자 소녀는 따갑다는 듯한 표정을 지었다. 이럴 줄 알았으면 수염을 기르라는 말을 하지 말걸 그랬다고 아마도 소녀는 생각하시 않았을까.

그레이스 덕분에 링컨은 매력적인 수염을 기른 첫 번째 미국 대통령이 되었고, 그 후 11명의 미국 대통령 중 10명이 턱수염이나 구레나룻을 길렀다. 이 정도면 링컨 대통령을 이제 패션의 리더라고 할 수 있지 않을까.

25장 ◆ 샌프란시스코의 상징

스트리트카

앤드류 할라이디 •

미국 샌프란시스코에는 싼 값으로 멋진 시내 풍경을 즐길 수 있어서 인기 만점인 케이블 스트리트카가 있다. 이 스트리트카에는 알려지지 않은 숨은 역사가 담겨 있다. 이번 장에서는 그 탄생 스토리를 살펴보자.

1869년 샌프란시스코. 칙칙한 빗줄기가 운명처럼 떨어지던 날. 언덕의 도시 샌프란시스코에서도 가장 가파른 언덕으로 꼽히는 비탈길에서 네 마리의 말이 스트리트카를 끌어올리려고 무진 애를 쓰고 있었다.

언덕을 간신히 반쯤 올랐을까, 말 한 마리가 젖은 돌에 미끄러지면서 바닥으로 고꾸라졌다. 운전자가 급히 브레이크를 잡았지만 체인이 끊어지면서 스트리트카는 언덕 아래로 굴러 떨어졌다. 비운의 말들은 바닥에 내동댕이쳐져 다시는 일어나지 못했다. 길가에서 그 광경을 바라보던 청년 앤드류 할라이디는 그때부터 깊은 생각에 빠지게 되었다.

타고난 모험심 ●

앤드류 할라이디는 또다시 그런 사고가 일어나지 않도록 하기 위해 자신이 무언가를 해야겠다고 마음먹었다. 그가 그렇게 마음을 먹은 데에는 특별한 이유가 있었다. 그의 아버지는 발명가였다. 그의 아버지는 와이어 케이블의 전신인 와이어 로프에 관한 여러 개의 특허를 가지고 있었다. 할라이디 또한 아버지와 같은 발명가적인 기질과 모험심을 타고났다. 그의 천부적인 모험심은 그를 영국에서 캘리포니아로 건너오게 했다.

캘리포니아에서 그는 여러 가지 일을 경험했다. 처음 몇 년간은 금을 찾아 헤매다가 가망이 없어 포기했다. 다음에는 대장간에서 일을 하다가 다리를 건설하는 회사로 자리를 옮겼다. 일종의 서스펜션 브리지(흔들다리)를 만드는 일이었는데, 거기에 그의 아버지의 발명품인 와이어 로프가 다량 사용되었다.

로프웨이 특허 •

언덕에서 마차가 미끄러지고 말이 비운을 맞이하는 사고를 목격했을 때, 할라이디는 아버지의 대를 이어 샌프란시스코에서 와이어 로프를 생산하는 회사를 운영하고 있었다.

할라이디는 '할라이디 로프웨이'에 관한 특허를 가지고 있었다. 이는 스팀 동력으로 움직이는 케이블 라인으로, 그는 이 장치를 발명해 금광지역에 설치했다. 로프웨이는 '트램웨이'라고도 불렸는데, 1제곱인치당 72.5톤의 무게를 지탱할 수 있는 장력을 가지고 산악지역에서 광석을 실어 나르는 이동 수단이었다.

'할라이디의 바보짓' •

할라이디가 처음에 고안한 케이블 스트리트카는 길바닥에 홈을 파고 거기에 움직이는 케이블을 설치하는 방식이었다. 케이블에 걸개를 달고, 그것이 돌아가면서 스트리트카와 맞물리면 차가 앞으로 나아가고 맞물리지 않으면 멈추도록 했다. 구상을 현실화시키려고 그는 2년 동안 자금 모금을 위해 뛰어다녔다. 하지만 사람들은 그의 계획을 '할라이디의 바보짓'이라고 말하며 비웃었다. 그것이 바보짓이든 아니든 할라이디는 결국 프로젝트의 시험 구간을 건설하는 데 필요한 돈을 모을 수 있었다.

시운전의 공포 •

1873년 8월 2일 안개 낀 새벽 4시. 할라이디와 몇 명의 기술자가 케이블 스트리트카의 시험 운행을 위해 한 자리에 모였다. 시험 운행의 실패에 대비해 할라이디는 인적이 거의 없는 새벽 시간을 선택했다. 시운전을 할 운전자가 가장 먼저 차에 올라 운전대를 잡았다. 그 순간 거짓말처럼 안개가 스트리트카의 양쪽으로 갈라졌다. 샌프란시스코의 8월 새벽은 4시경부터 밝아왔기 때문에 안개 사이로 운전자는 까마득히 내려다보이는 언덕 끝을 확인할 수 있었다. 파랗게 질린 운전자가 흔들리는 발걸음으로 스트리트카에서 내려오며 말했다.

"집에 처자식이 있습니다. 아이들이 어려서 아빠가 없으면 안 됩니다."

드디어 처녀운행 •

이를 지켜본 엔지니어들이 서로 눈치를 보며 아무도 차에 오르려 하지 않았다. 결국 희생은 발명가의 몫이었다. 할라이디가 십자가를 메고 스트리트카에 올라타 키를 잡고 레버

샌프란시스코 스트리트카

를 당겼더. 스트리트카가 천천히 아래쪽으로 미끄러져 내려가기 시작했다. 아무 일 없이 언덕 아래에 도착하자 할라이디가 차를 돌려 언덕 위쪽을 향하도록 세우고 다시 레버를 당겼다. 스트리트카가 또 움직였다. 남은 가족을 걱정할 일 없이 스트리트카는 부드럽게 언덕을 올라 제자리로 돌아왔다.

근처 건물에서 나이트가운을 입고 창문을 통해 이 광경을 지켜보던 프랑스 남자가 꽃다발 한 묶음을 스트리트카 지붕 위로 던졌다. 그는 역사적인 샌프란시스코 스트리트카의 처녀운행을 목격한 유일한 일반인이었다.

세계적인 관광 명물 •

그날 오후, 샌프란시스코 전체가 발칵 뒤집혔다. 시민을 위한 첫 번째 시운전에 수많은 사람들이 구름처럼 몰려들었다. 26인승으로 설계된 스트리트카에는 90명의 시민들이 통제도 할 수 없이 앞다투어 올라탔다. 용감한 사람들은 창문에 매달리고, 무모한 사람들은 지붕에 기어올라 공식적인 첫 운항을 함께 했다. 샌프란시스코 시민들은 이렇게 '할라이디의 바보짓'을 축제처럼 다함께 즐겼다.

그로부터 몇 십 년 후, 샌프란시스코 시민들은 출퇴근, 등하교, 나들이, 쇼핑 등에 언제나 편하게 스트리트카를 이용할 수 있게 되었다. 물론 그들의 후손은 지금 버스나 택시, 자가용을 타고 샌프란시스코의 언덕을 오르내린다. 하지만 할라이디의 케이블 스트리트카가 오늘날 이처럼 세계적으로 손꼽히는 관광 명물이 될 줄은 아마 할라이디 자신도 짐작하지 못했을 것이다.

| 교과서에 없는, 히틀러에 관한
숨어 있는 진실 |

첫째, 히틀러가 유대인을 학살한 것은 화가라는 꿈을 이루지 못
하게 된 것이 원인일 수 있다. 히틀러는 1907년 미술학교에 입학하
고자 오스트리아의 도시 빈으로 갔는데 결과는 불합격이었다. 1년
후 그는 재응시했지만 이번에도 실패. 그런데 히틀러는 낙방의 원
인을 심사위원들에게 전가시켰다. 당시 심사위원 7명 중 4명이 유
대인이었다는 사실에 주목한 것이다. (물론 그전에 유대인과의 관계
가 원인일 수도 있다.)

둘째, 히틀러는 사람들에게 자신의 손을 보여주는 것을 좋아했
다. 그의 손이 프러시아의 프리드
리히 대왕의 손과 닮았다고 자랑하
기 위해서였다. 프리드리히 대왕
은 히틀러가 영웅으로 섬기는 인물
이었다.

셋째, 히틀러는 1938년에 〈타
임〉지 '올해의 인물'로 선정되었다.

아돌프 히틀러

26장 ◆ 세상에서 가장 황당한

죽음의 이유

그리스 비극 시인 아이스킬로스의 죽음(BC 456년) •

그리스의 3대 비극 시인 중 최고로 꼽히는 아이스킬로스는 거북이 등에 머리를 맞아 숨졌다. 그의 머리는 반질반질한 대머리였는데 거북이를 잡아서 물고 날아가던 독수리가 아이스킬로스의 머리를 바위로 착각하고 거북이의 등껍질을 깨기 위해 그의 머리에 거북이를 떨어뜨렸다. 그 바람에 애꿎게도 거북이의 등은 깨지지 않고 위대한 시인의 머리가 깨져 사망한 것이다.

로마를 괴멸시킨 훈족의 왕 아틸라의 죽음(453년) •

잔인하고 용맹했던 훈족의 왕 아틸라는 코피가 터져 죽었다. 아틸라는 죽기 바로 전날 결혼식을 올렸다. 결혼 예식을 마친 후 피로연에서 그는 너무 많은 술과 음식을 먹었다. 그리고는 잠을 자다가 코피가 터졌다. 피를 멈추게 하기 위해 그는 자신의 목을 세게 눌렀다. 그러다가 술김에 너무 오래 목을 눌러 숨이 막혀 죽고 말았다.

세간에는 그가 신부에 의해 독살되었다는 말도 있고, 또 그런 내용의 영화가 개봉되기도 했다. 그러나 말하기 좋아하는 사람들은 아틸라 왕이 젊고 예쁜 새 신부와의 첫날밤에 너무 많은 힘을 쓰다가 탈진해 복상사했다고 전하기도 한다.

영국 존 왕의 죽음(1216년)

영국의 존 왕은 자신을 총애하던 아버지 헨리 2세를 배반했고, 형이 십자군 원정을 가면서 내린 명을 어기고 왕위를 빼앗았다. 또한 귀족들과 협정한 대헌장(마그나 카르타)의 내용을 어기다가 귀족들과 전쟁을 치렀다. 존 왕은 자신의 권력욕과 안위를 위해 앞선 왕들이 넓혀 놓은 프랑스 내의 잉글랜드 영토를 거의 모두 잃었다. 그의 뒤를 이은 왕들은 그가 잃은 땅을 되찾기 위해 백년전쟁을 일으켜야 했다.

이렇게 무능하고 악명 높았던 존 왕의 사인은 과식이었다. 존 왕은 전쟁터 막사에서 익힌 고기를 너무 많이 먹어서 체하자 그것을 민간요법으로 낫게 하려고 과실주를 많이 마셔서 급체로 사망했다. 게다가 죽은 뒤에는 '늑대인간'이라는 소문이 퍼져서 무덤이 파헤쳐

지기도 했다.

러시아의 폭군 이반의 죽음(1584년) •

러시아의 악명 높은 독재자 이반이 어느 날 밤하늘에서 별똥별을 보았다. 그는 그것이 자신의 죽음을 상징한다고 생각했다. 그날 이후 이반은 이유 없이 몸이 퉁퉁 부어오르기 시작했다. 수십 명의 의사가 붙어 원인을 찾으려 애썼지만 도대체 무슨 병인지 알 수 없었다. 결국 희대의 폭군은 얼마 버티지 못하고 원인 불명의 병으로 의문사해 별똥별처럼 사라졌다.

덴마크의 천문학자 튀코 브라헤의 죽음(1601년) •

근세 천문학의 아버지라 불리는 덴마크의 천문학자 튀코 브라헤는 당대 최고의 '매너남'이었다. 그는 특히 테이블 매너가 좋기로 유명했다. 그는 밥상에서의 매너를 매우 소중하게 여기고 철저하게 지키려고 노력했다.

어느 날 그가 지인들을 집으로 초청해 함께 식사를 했다. 몇 시간 후, 술이 거나하게 취한 튀코가 소변이 보고 싶어졌다. 하지만 그는 손님들과의 식사 자리에서 주인이 자리를 뜨는 것은 예의가 아니라고 생각했다. 그는 아랫도리에 힘을 주며 계속 자리에 앉아 버텼다.

시간이 지날수록 더욱 불편해지더니 급기야 통증까지 느껴졌다. 그러나 식사 중에 호스트가 먼저 자리에서 일어나는 것은 그에게 있어 범죄나 마찬가지였다. 남의 속을 모르는 손님들은 식사를 끝낼 생각을 하지 않았다. 그렇게 한참 동안 정신없는 시간이 흘렀다. 그리고 마침내 튀코 브라헤의 방광이 터졌다. 그로부터 11일 후에 그는 사망했다.

프랑스의 작곡가 장 바티스트 륄리의 죽음(1687년)

이탈리아 출신의 프랑스 궁중음악 작곡가 장 바티스트 륄리가 정열적으로 자신의 오케스트라를 지휘하고 있었다. 의욕이 과했던지 큰 동작으로 지휘를 하던 륄리가 지휘봉으로 자신의 발을 찔렀다. 상처가 난 발은 얼마 후 세균에 감염되었다. 의사는 세균이 온몸에 퍼지는 것을 막으려면 발을 잘라야 한다고 말했지만 륄리는 의사의 충고를 무시했다. 그의 병세는 빠르게 악화되었다. 몇 주 후, 의사는 이제 다리 전체를 절단해야 목숨을 건질 수 있다고 최후통첩을 했다. 륄리는 그 또한 묵살해버렸다. 얼마 지나지 않아 장 바티스트 륄리는 세상을 떠났다.

미 육군 장군 존 세드윅의 죽음(1864년) •

미국 남북전쟁 당시 세드윅 장군이 최전방에서 자신의 부대를 통솔하고 있었다. 적군과의 대치 상황에서 긴장한 부대원들을 안심시키고 용기를 불어넣기 위해 장군이 말했다.

"이 정도 거리에서는 아무리 뛰어난 사수라도 코끼리조차 맞힐 수 없으니까 안심들 해."

바로 그때 핑 소리와 함께 총알 한 발이 날아와 장군의 머리에 박혔다. 적군의 뛰어난 사수가 쏜 총알이었다. 존 세드윅 장군은 코끼리 대신 그 자리에서 전사했다.

샴쌍둥이 형제 창 벙커와 엥 벙커의 죽음(1874년) •

슬픈 이야기이다.

삼쌍둥이 형제 창 벙커와 엥 벙커

세계에서 가장 오래된 샴쌍둥이로 알려진 창과 엥 형제는 원래 태국인이었다. 미국인 흥행사(연극, 영화, 서커스 따위의 흥행을 직업으로 하는 사람) 피니즈 테일러 바넘은 두 형제를 구경거리로 이용해 돈을 벌기 위해 그들을 사서 미국으로 건너왔다. 두 형제는 미국인

182

이 되었고 '벙커'라는 미국 성을 가지게 되었다. '샴쌍둥이'라는 용어는 당시 두 형제를 데리고 온 지역 이름인 '시암'에서 유래됐다.

흉골 부분이 결합되어 태어난 이들 형제는 오늘날이라면 아주 간단한 수술로 정상인이 될 수 있었겠지만, 당시의 의술로는 그것이 불가능해 평생을 한 몸으로 살다가 형제 모두 62세에 사망했다. 당시 창의 사망 원인은 기관지염이었는데 엥은 공포증에 의해 사망했다. 창이 사망하자 엥은 자신도 곧 죽을 것이라는 공포에 휩싸여 있었던 것으로 밝혀졌다.

흥행사 P. T. 바넘의 죽음(1891년)

"세상에는 호락호락 속아 넘어가는 멍청이들이 수도 없이 많다."라는 말을 남긴 미국 최고의 흥행사 바넘은 자신이 죽기 전에 자신의 부고 기사를 볼 수 있기를 원했다.

죽은 사람 소원도 들어준다는데 산 사람 소원을 못 들어줄까, 〈뉴욕 이브닝스 선〉지가 그의 소원

타이타닉호

을 들어주기로 했다. 〈뉴욕 이브닝스 선〉지는 "위대한 흥행사 바넘이 살아생전 자신의 부고 기사를 보기를 원해 여기에 싣는다"라는 제목으로 기사를 내 바넘의 바람에 화답했다. 2주 후, 80세의 바넘은 실제로 사망함으로써 〈뉴욕 이브닝스 선〉지의 호의적 부고 기사에 화답했다.

백만장자 존 제이콥 애스터의 죽음(1912년)

미국의 모피 왕으로 잘 알려진 백만장자 존 제이콥 애스터는 불행히도 타이타닉호의 첫 항해에 부인과 함께 승선했다. 용기 있고 정의로운 신사 애스터는 타이타닉호가 침몰하자, 자신의 뒤에 있던 아내를 구명보트에 밀어 넣고는 한 발 뒤로 물러서며 말했다.

"잘 가 여보, 좀 이따가 봐!"

마술사 해리 후디니의 죽음(1926년)

복잡한 잠금장치나 사슬 등으로 묶인 상태에서 탈출하는 묘기를 선보였던 전설의 마술사 해리 후디니는 복부에 아무리 센 펀치를 맞아도 끄떡없이 잘 버티는 것으로 유명했다. 어느 날, 한 청년이 마술을 배우겠다고 그를 찾아왔다. 해리가 청년에게 자신의 배를 한 대 쳐 보라고 말했다. 눈치 없는 청년이 사정없이 마술사의 복부를 후려

첬다. 해리 후디니는 맹장 파열로 숨졌다.

현대 무용의 어머니 이사도라 던컨의 죽음(1927년)

맨발의 댄서로 유명한 이사도라 던컨의 죽음은 그녀의 인생만큼이
나 기이하다. 언제나 화려한 드레스로
치장을 했던 그녀는 어느 날 자신을 좋
아하는 한 청년의 요청으로 스포츠카
드라이브를 하기로 했다. 그날도 어김
없이 이사도라는 화려한 복장에 요란
한 액세서리로 치장을 했다. 그런데 상
상하지 못했던 불행이 그녀에게 닥쳤
다. 차가 출발하는 순간 그녀의 긴 스

이사도라 던컨

카프가 바람에 날려 스포츠
카의 뒷바퀴에 휘감겼다. 스
카프를 풀 겨를도 없이 이사
도라 던컨은 목이 졸리고 부
러졌다. 그렇게 허무하게 그
녀는 세상을 떴다.

이사도라 던컨과 스포츠카

엘비스 프레슬리의 죽음(1977년)

로큰롤의 황제 엘비스 프레슬리는 자신의 집 화장실 바닥에서 여자 친구 옆에 태아와 같은 자세로 웅크린 채 죽은 모습으로 발견되었다. 직접적인 그의 사망 원인은 약물 과다복용에 의한 심장마비로 결론이 났다. 죽은 엘비스의 혈액에서는 모두 14종의 약물이 검출되었다. 그중 10종은 심각할 정도의 양을 복용한 것으로 밝혀졌다.

엘비스 프레슬리

그런데 아직도 그의 사망 발표가 사기라고 주장하는 사람들이 있다. 실제로 그가 죽은 후에 그를 보았다고 주장하는 사람도 많았다. 그 모든 것은 아마도 가슴속의 영웅을 떠나보내고 싶지 않은 미련의 잔상이 아닐까.

27장 ◆ 불온하거나 위태로운

금서의 역사

금서의 역사 •

금서란 '금지 도서'의 줄임말로, 시대마다 사회적 · 정치적인 상황, 미풍양속이나 규범 등에 따라 출판과 소유는 물론 독서를 금지시킨 책을 말한다. 이유야 어찌되었든 정치 · 종교의 최고 권력자가 불온하고 위험하다는 생각을 하게 되면 금서로 지정한 것이다. 지배자의 권력을 유지하거나 강화시키는 데 방해가 된다면 아무리 대중에게 유익하고 좋은 책일지라도 금서도 지정되곤 했다.

이러한 금서와 관련된 역사 기록을 살펴보자. 금서로 지정되면 책을 압수해 태우는데 이것을 '분서'라고 한다. 분서에 관한 기록은 동서양에서 모두 일찍부터 있었는데, 가장 대표적인 사건이 '분서갱유'이다. 분서갱유는 기원전 213년 진 시황제가 시(詩, 시경)와 서(書, 서경), 제자백가의 저서인 육경 등을 불태워버리고, 관련된 책자를 소유하는 것을 금지한 사건이다. 이는 시황제가 중국을 처음 통일하고 자신의 권력에 방해가 되는 사상을 통제하기 위한 것이었다.

　서양의 경우 기독교를 부정하거나 신의 권위를 비판하는 책들을 주로 금서로 지정했다. 역사상 금서로 지정된 책 중에 가장 유명한 것은 단테의《신곡》, 보카치오의《데카메론》, 코페르니쿠스의 지동설이 실린《천체의 회전에 관해》등이다. 단테의《신곡》은 교황이 지옥에 떨어진 것으로 묘사되는 대목이 기독교에 대한 도전이라는 이유로 금서로 지정되었다. 역사학자들은 이 책이 출간됨으로써 중세시대가 저물고 르네상스가 밝아왔다고 평가하고 있다.《데카메론》은 음란한 내용은 물론 교황청을 비판하는 내용까지 담겨 있어서 금서로 지정되었다.《천체의 회전에 관해》는 기독교에서 믿는 천동설에 반하는 내용으로 인해 금서가 되었다. 물론 이 책들은 모두 불멸의 고전이 되어 오늘날까지 수많은 사람에게 읽히고 있다.

　우리나라의 경우 금서와 관련된 최초의 기록은 조선시대인 1411(태종11)년 좌의정 박은이 태종의 뜻을 받들어 참위서(미래를 예언한 책)와 음양서(천문, 역술 등의 예언서)를 찾아내 불태우도록 명령했다는 내용이다.

분서갱유를 지시한 진 시황제

고려 말·조선 초와 같이 사회가 혼란스러울 때는 앞날을 예언하는 책이 유행하게 마련이다. 하지만 이런 책은 훗날 왕조의 안위에 위협이 될 수 있었기에 금서로 지정되었다. 뿐만 아니라 성리학을 유일한 정통사상으로 생각하는 조선 초기의 유학자들은 이런 책들이 혹세무민하며 나라를 위태롭게 할 것이라고 생각했다.

우리에게 가장 잘 알려진 조선시대의 금서는 《정감록》이다. 《정감록》은 풍수학적으로 조선의 국운을 예언한 책이다. 조선이 500년 만에 멸망하고 정씨(鄭氏)가 왕위에 올라 계룡산에 도읍을 세운다는 것이 이 책의 요점이다.

《정감록》의 내용을 믿고 유포시킨 사람들은 대부분 당파싸움으로 정권에서 밀려난 자나 관직을 얻으려는 자, 현실에 불만을 품은 자들이었다. 요즘으로 말하자면 재야 지식인의 현실 비판서이면서 현실 도피서였던 셈이다. 《정감록》은 한글로도 필사되어 민간에 널리 유포되었고 새로운 세계의 출현을 약속하기도 했다.

조선 정조대왕

실제로 《정감록》에 나오는 '참위풍수설'을 내세워 반역을 도모한 사건이 여러 번 발생했다. 1628년에는 유효립이 정변을 일으켰으나 처형을 당했고, 1811년에는 홍경래가 반란을 일으켰다가 100일 만에 진압되었다.

조선 후기인 정조 시대(재위 1776~1800)부터는 천주학 관련 서적과 서학 책들이 금서가 되었다. 성리학의 관점에서 보면 천주교 관련 서적은 사학이었기 때문이다. 하지만 서학 책들이 모두 금서가 됨으로써 조선은 서양문물을 받아들이는 데 소극적인 자세를 취하고 쇄국정책을 펼치게 되었다.

그 후 대한제국이 나라를 잃고 일제강점기가 되면서 금서의 방향도 바뀌게 되었다. 일본제국주의는 우리 민족의 자주성과 독립정신을 고취할 수 있는 서적이라면 모두 금서로 지정하고 엄금했다. 특히 일제강점기 말기에는 민간에서 많이 읽힌다는 이유만으로 금서로 지정될 만큼 탄압이 심했으니 일본제국주의가 얼마나 악랄했는지 엿볼 수 있다.

당시 금서로 지정된 책에는 현재까지도 읽히고 있는 애독서들이 포함되어 있다. 이 시대의 대표적인 금서로는 신채호의 전기소설 《을지문덕》, 윤치호의 《찬미가》, 한용운의 《님의 침묵》 등이 있다.

일제강점기 시대에 조국의 독립을 위해 평생을 바친 김구 선생의
《백범일지》가 한때 금서였다는 사실을 아는 사람은 많지 않을 것이
다. 이런 '황당한' 사건은 우리나라 근현대사의 아픔을 고스란히 보
여주는 사례이다. 또한 사람의 탐욕이 얼마나 강한지 보여주기도
한다.

김구 선생이 암살된 것은 1949년 6월 26일 낮 12시 36분이었다.
육군 포병 소위 안두희가 경교장에 찾아가 45구경 권총으로 김구
선생을 사살한 것이다. 사실 이 사건은 당시 한민족이 분열되느냐
마느냐의 기로에서 발생했기 때문에 안타까움을 금하지 않을 수 없
다.

음모론적인 이야기이긴 하지만 안
두희 배후에 이승만이 있다는 말도 공
공연히 떠돌아다녔다. 특히 1953년 안
두희의 사면복권은 공공연한 소문을
많은 이들의 확신으로 굳게 했다.

백범 김구

왜 이런 소문이 발생했을까?

사실 김구는 이승만과 1920년에 상하이에서 만난 후 호형호제하며 정치적으로 협력하는 관계였다. 하지만 불행히도 격변의 시대는 그들을 가만 놔두지 않았다. 일본제국이 무조건 항복을 선언하면서 독립을 얻게 된 조선의 운명은 그들을 어떻게 변화시켰을까?

민족주의자였던 김구는 반탁운동을 했다. 이승만도 함께 반탁운동에 참여했지만 그는 공산진영과의 타협이 불가능하다고 생각했다. 그는 국제사회가 인정하는 합법정부를 단독으로 수립한 뒤, 공산진영을 모조리 쫓아내고 한반도의 통일을 이루고자 했다. 이런 생각을 품은 이승만과 김구는 당연히 갈등하지 않을 수 없었다. 특히 친일파 숙청 문제를 두고 이승만과 김구의 갈등은 첨예했고, 둘의 사이는 갈라졌다. 그리고 때마침 이런 시기에 김구가 피살된 것이다.

암살 시기도 석연치 않은데, 김구가 효창원에 묻힌 후 효창원을 망가트리는 이승만의 행동은 사람들을 의아하게 했다. 사실 효창원은 1786년, 문효세자의 묘소가 세워지면서 시작되었다. 효창원의 크기는 여의도 공원의 약 3분의 2 정도였다고 하니 크기를 짐작

할 수 있다. 일제가 망가트린 효창원을 김구는 순국선열의 영웅들이 묻히는 공간으로 만들고자 했다.(훗날 자신이 이곳에 묻힐지는 몰랐을 것이다.)

1945년 11월, 김구는 미군정 왕실재산관리처에 이런 제안을 했고 1946년 7월 6일 이봉창, 윤봉길, 백정기 3의사의 유골 봉환식이 국민장으로 치러졌다. 이후 1948년 이동녕, 차리석의 유골이 추가로 봉환되었고, 안중근 장군의 가묘 또한 설치되어 왕가의 무덤이 민족 영웅들의 성지로 변모하게 되었다.

김구가 효창원에 묻힌 후 이승만은 효창원에 김구를 참배하기 위해 오는 참배객들을 막았다. 경찰을 동원해 참배를 막자 사람들이 새벽에 몰래 참배를 하는 촌극이 발생했다. 1956년 이승만 정권은 공병대와 불도저를 동원해 효창원 외원에 있던 연못을 메우고 15만 그루의 나무를 베어냈다. 명분은 효창운동장 건설이었다. 당시 〈경향신문〉 보도에 따르면 대통령 비

이승만 대통령

서실에서 지시한 일이었다고 한다.

여러 정황으로 보아 이승만과 김구는 어느 순간 사이가 많이 멀어졌던 것으로 보인다. 결국 이런 일들이 김구의 암살 배후에 이승만이 있다는 소문을 퍼트리게 한 것은 아닐까 짐작해볼 수 있다. 이승만은 대통령이 되기 위해 가장 경계해야 했던 라이벌 김구를 많이 시기했고, 그래서 김구의 사후에《백범일지》가 금서가 된 것으로 보인다.

사실《백범일지》는 처음부터 금서는 아니었다. 《백범일지》는 1947년 국사원에서 출간되었고, 베스트셀러 대열에 합류했다. 초판 5천 부가 순식간에 매진되어 저격 전까지 5판이 출간되었다. (이승만의 시기 질투 때문이었는지) 김구가 피살된 이후《백범일지》는 거의 금서 취급을 받다가 1968년에 '백범김구선생 기념사업협회'가 간행하면서 다시 널리 읽히기 시작했다.

28장 ◆ 알고 보면 오래된

세계 증권의 역사

증권의 시작 ●

세계 최초의 증권은 수메르 문명 때 시작되었다. 수메르인들은 말이나 양을 빌려주고 갚은 영수증, 부동산 거래의 계약 내용과 계약이행이 되지 않을 경우 어떻게 한다는 내용을 점토판에 적으면서 경제활동을 했다. 로마시대에는 오늘날 주식회사와 비슷한 법인체인 '퍼블리카니(publicani)'라는 조직을 세웠다. 이를 통해 오늘날의 조세 기능을 담당하고 신전 건립 활동을 했다. 그러나 본격적으로 근대적인 증권이 발행되기 시작한 것은 그로부터 한참 후인 1602년이었다. 그 이유는 무엇일까?

우선 시대적인 배경부터 살펴보자. 1500년을 전후로 인도 항로가 개척되고 본격적인 해상무역이 꽃을 피우기 시작했다. 그럼에도 불구하고 해상무역에는 많은 위험 요소가 존재해서 홀로 모든 투자

1726년 네덜란드 동인도 회사의 암스테르담 조선소

를 하고 이익을 독차지하기가 힘든 구조였다. 해적과 자연재해 등으로 무역에 실패를 할 경우 파산을 면치 못했다. 그래서 이런 투기성 무역을 위해 주식이 발행되기 시작했다. (여러 사람이 주식에 투자를 하면 리스크가 분산되고 수익도 투자한 것에 비례해 가져감으로써 수익성과 안정성이 모두 담보되었기 때문이다.)

그런 의미에서 1602년 네덜란드에 설립된 동인도 회사는 근대적인 최초의 주식회사로 인정할 만하다. 특히 1610년에 암스테르담 증권거래소가 설립됨으로써 주식이 활발히 매매되고 발행될 수 있었다.

미국 증권의 역사 •

현재 미국은 세계 경제의 리더이고 뉴욕 월가는 세계 증시의 중심이다. 그럼 미국의 증권시장은 어떻게 형성되었을까?

약 250여 년 전 현재의 뉴욕 월가를 따라서 맨해튼 쪽으로 올라가면 유럽에서 들어오는 수입품을 하역하는 선착장이 있었다. 이곳에서는 물품 대신 인보이스(매매계약 조건을 정당하게 이행했음을 밝히는 서류)를 근거로 거래가 이루어졌으며 은으로 만든 막대기를 사용해 거래를 했다. 여기서 재미있는 점은 은으로 만든 막대기는 8등분으로 되어 있으며, 이것이 전통이 되어 현재에도 주식 가격이 소수점이 아닌 1/8 단위로 표시되고 있다는 것이다.

1792년 24명의 투자가들이 월가에 모여 미국 최초의 거래시장을 만든 것이 뉴욕 증시의 모체가 되었다. 19세기 산업혁명 기간 동안 수많은 기업이 생겨나자 월가도 급속도로 성장했다. 그러나 명이 있으면 암이 있듯 급격한 성장은 투기를 조장했다. 1929년 투기판이 된 증시가 폭락하면서 대공황이 일어났다. 당시에는 기업이 상장을 할 때 사업 내용이나 재무 상태를 정확하게 밝히지 않아도 이를 감독할 주체가 없었다. 이런 취약점이 증시 폭락의 원인이 되었고, 그 후 증시의 안정을 꾀하기 위해 정부가 개입하게 하는 계기가 되었다.

우리나라 증권의 역사 •

우리나라의 경우 1899년 설립된 상업은행(현재 우리은행)이 최초의 주식회사이다. 우리나라 증시는 1930년 '취인소'라는 이름으로 시작되었다. 현대적인 증권거래소는 1956년 3월에 개장되었다. 개장 당시 상장회사는 12개였다.

우리나라에서는 자본주의의 역사가 짧고 신용 있는 회사가 드물었으며, 국민소득이 낮아 주식을 거래할 자본이 없었다. 6·25 전쟁이 끝나고 10여 년이 넘게 흐른 1960~1970년대에 자본시장 육성과 기업 공개에 대한 법령을 세우면서 주식거래가 활성화되기 시작했다.

　현재의 시가총액 방식의 종합주가지수(1980.1.4=100)가 발표된 것은 1983년 1월부터였다. 1996년 개장한 코스닥 증권시장에서는 1997년 1월부터 코스닥 지수(1996.7.1=100)를 발표하기 시작했다.

　2021년에는 쿠팡이 뉴욕증시에 상장되면서 대한민국 증권의 새 역사를 썼다. (물론 쿠팡이 미국 기업이라는 논란은 뒤로 하고.) 현재 대한민국 다수의 기업들이 미국 증시에 상장하기 위해 준비를 하고 있다는 점은 대한민국이 짧은 자본주의 역사에도 엄청난 속도로 발전했음을 보여주는 사례이다.

1867년 브로드웨이 코너에서 바라본 월가의 모습

| 천재 뉴턴도 실패한
주식투자 |

케임브리지 대학 수학교수이자 위대한 과학자였던 아이작 뉴턴
은 우리에게 위인으로만 알려져 있다. 뉴턴은 만유인력의 법칙을
발견했고 근대과학을 완성시킨 인물이다. 하지만 그에게도 약점이
있었으니 주식투자에는 '똥손'이었다는 사실을 알고 있는가? 똥손인
그가 투자한 회사는 '남해기업(South Sea Company)'이라는 곳이었
다.

남해기업은 어떤 기업이었을까?

1711년 설립된 남해기업은 요즘 말로 하면 공기업일까? 아무튼
당시 남해기업은 영국의 극심한 재정적자를 타개하게 위해 만든 기
업이었다. 극심한 적자를 떠안게 하기 위해 만들었으니 재정 건전
성은 당연히 안 좋았을 것이다.

남해기업은 영국 정부가 자신들에게 남미 지역에 대한 무역 독점
권을 주었다고 홍보를 하며 주식을 사도록 유도했다. 요즘 말로 찌
라시를 뿌린 것이다. 남미는 당시 스페인의 식민지였는데 영국 정
부가 단독으로 무역 독점권을 준다는 것은 말이 안 되는 일이었다.
또 스페인이 굳이 영국에게 독점권을 주고 자신들과 전쟁 중인 나라

에 특혜를 준다는 것은 앞뒤가 안 맞는 일이었다.

천재 뉴턴은 이런 기본적인 것을 알지 못한 것일까?

어찌되었든 뉴턴은 1720년 남해기업에 평생 번 돈을 현재 한화 가치로 약 50억 원 가량 투자했다. 그러나 그 결과 뉴턴은 아주 짧은 시간에 투자원금의 대부분을 날려서 괴로워 했다고 전해진다. 뉴턴은 투자 실패 후 "천체의 궤도는 계산할 수 있지만 인간의 광기는 계산할 수 없었다."고 말했다.

대조적으로 작곡가 게오르크 프리드리히 헨델은 남해기업 주식 매매로 큰 이익을 얻어 왕립 음악 아카데미를 설립했다.

게오르크 프리드리히 헨델   아이작 뉴턴

◇ 부록 ◇

한국사 연표		세계사 연표	
B.C.		B.C.	
약 70만 년 전	구석기 문화 시작	4만~5만 년 전	현생 인류 출현
8000년경	신석기 문화 시작(부산 동삼동 유적)	1만 년 전	농경과 목축 시작
		3000년경	메소포타미아 문명과 이집트 문명 성립
2333	단군왕검, 고조선 건국	2500년경	황허 문명 · 인더스 문명 성립
		1240년경	아시리아, 바빌로니아 정복
1500년경	청동기 문화 시작	1100년경	중국 은 멸망, 주의 황허 유역 지배
		1020년경	헤브라이 왕국 성립
		1000년경	인도, 아리아인이 갠지스 강 유역으로 이주 시작
400년경	철기 문화 시작	800년경	인도, 브라만교 · 카스트 제도 성립
		671년경	아시리아, 오리엔트 통일
		6세기경	인도, 불교 성립
		525	아케메네스 왕조 페르시아, 오리엔트 통일
		492년경	그리스-페르시아 전쟁(~479)
		431	펠로폰네소스 전쟁(~404)
		403	중국, 전국 시대 돌입
		330	아케메네스 왕조 페르시아 멸망
		264	로마, 카르타고와 포에니 전쟁(~146)
		221	진(秦), 중국 통일 · 만리장성 축조
		202	중국, 한 건국
194	위만, 준왕 축출 후 고조선 왕이 됨. 준왕, 남쪽으로 이동해 한(韓)의 왕이 됨	27	로마, 제정 수립
108	한나라 침략, 고조선 멸망 · 한 군현 설치		
82	한나라가 설치한 임둔 · 진번군 축출		
69	신라, 박혁거세 탄생		
59	해모수, 북부여 건국		
58	동부여, 주몽 탄생		
57	신라 건국		
37	고구려 건국		
18	백제 건국		

A.D.		A.D.	
194	고구려, 진대법 실시	30년경	헤브라이에서 크리스트교 성립
		184	한, 황건적의 난 (~204년)
		220	한 멸망, 삼국 시대 시작
		227년경	사산 왕조 페르시아 성립
		280	진(晉), 중국 통일
313	고구려, 낙랑군 축출	313	로마 제국, 크리스트교 공인(밀라노 칙령)
		316	중국, 5호 16국 시대 시작
371	백제, 고구려 평양성 공격	320년경	인도, 굽타 왕조 건국
372	고구려, 불교 전래 · 태학 설립	375	게르만족, 로마 제국으로 이동 시작
384	백제, 불교 전래	395	로마 제국, 동서 분열
427	고구려, 평양 천도	439	선비족의 북위, 화북 통일. 중국, 남북조 성립
433	나 · 제 동맹 성립		
475	고구려, 백제 한성 점령. 백제, 웅진 천도	476	서로마 제국 멸망
		481년경	프랑크 왕국 건설

한국사 연표		세계사 연표	
527	신라, 불교 공인	589	수, 중국 통일
538	백제, 사비성 천도		
552	백제, 일본에 불교 전파		
553	신라, 한강 유역 점령		
562	신라, 가야 정복		
612	고구려, 살수 대첩	610	아라비아의 무함마드, 이슬람교 창시
624	고구려, 도교 수용	618	중국, 당 건국
		642	사산 왕조 페르시아, 이슬람에 멸망
645	고구려, 안시성 싸움	645	일본, 다이카 개신
648	나·당 동맹 성립	710	일본, 나라 천도. 나라시대 시작(~784)
660	백제 멸망		
668	고구려 멸망		
676	신라, 삼국 통일		
685	신라, 9주 5소경 설치		
698	발해 건국		
722	신라, 정전 지급		
732	발해, 당의 덩저우 공격	732	프랑크 왕국, 투르·푸아티에 전투에서 이슬람군에 승리
751	신라, 불국사·석굴암 건립 시작	750	아바스 왕조 성립
756	발해, 상경 천도	755	당, 안사의 난(~763)
		794	일본, 헤이안 시대 돌입
828	신라의 장보고, 청해진 설치	800	프랑크 왕국의 카롤루스 대제, 서로마 황제 대관
		875	당, 황소의 난(~884)
		890년경	캄보디아, 앙코르 왕조 성립
900	견훤, 후백제 건국	907	당 멸망, 5대 10국 시작
901	궁예, 후고구려 건국		
918	왕건, 고려 건국	916	거란 건국
926	발해 멸망	936	거란, 중국의 연운 16주 점령
935	신라 경순왕, 고려에 항복		
936	후백제 멸망, 고려 후삼국 통일		
956	광종, 노비안검법 실시	960	중국, 송 건국
958	광종, 과거 제도 실시		
982	최승로, 시무 28조 올림	977	아프가니스탄, 가즈나 왕조 성립
993	거란(요)의 1차 침입, 서희의 담판	987	러시아, 그리스정교로 개종
1010	거란 2차 침입	1037	셀주크 튀르크 건국
1018	거란 3차 침입	1038	서하(대하) 건국
1019	강감찬, 귀주 대첩	1054	크리스트교, 동·서 교회로 분열(로마 가톨릭 교회·그리스정교회)
		1055	셀주크 튀르크, 바그다드 입성
		1067	안남, 참파 정벌
		1077	카노사의 굴욕
		1096	십자군 전쟁(~1270)
1107	윤관, 여진 정벌, 9성 건설	1115	여진족, 금 건국
1126	이자겸의 난	1125	요, 금에 멸망
1135	묘청, 서경 천도 운동	1127	송 멸망, 강남에 남송 건국
1145	김부식, 《삼국사기》 편찬	1187	이집트 아이유브 왕조의 살라딘, 예루살렘 탈환

한국사 연표		세계사 연표	
1170	무신의 난	1192	일본, 가마쿠라 막부 성립
1176	망이 · 망소이의 난	1193	구르 왕조, 델리 정복(인도의 이슬람화)
1196	최충헌, 정권 장악		
1198	만적의 난		
1231	몽골 1차 침입	1206	칭기즈칸, 몽골 통일. 인도, 노예 왕조 성립
1232	강화도 천도, 몽골 2차 침입	1227	서하, 몽골에 멸망
1234	세계 최초의 금속활자《상정고금예문》인쇄	1234	금, 몽골에 멸망
1236	팔만대장경 새김(~1251)		
1238	몽골군, 황룡사 9층탑 불태움		
1258	최씨 정권 붕괴	1250	이집트, 맘루크 왕조 건국
1259	고려 태자 원종, 몽골에 항복	1258	몽골, 바그다드 침략. 아바스 왕조 멸망
1270	개경 환도, 삼별초의 항쟁	1271	원 제국 성립
1274	원과 고려, 일본 정벌	1279	남송 멸망, 원의 중국 통일
1285	일연,《삼국유사》집필	1295	영국, 모범 의회 개회
		1299	오스만 튀르크 건국
1351	공민왕 즉위	1302	프랑스, 삼부회 소집
1359	홍건적, 고려 침입(~1361)	1336	일본, 남북조 시대 시작
1363	문익점, 원에서 목화씨 도입	1337	영국과 프랑스, 백년 전쟁(~1453)
1366	전민변정도감 설치. 신돈, 개혁 추진	1338	일본, 무로마치 막부 성립
1376	최영, 왜구 격퇴	1368	중국, 명 건국
1377	이성계, 왜구 격퇴.《직지심체요절》간행	1369	중앙아시아에 티무르 제국 성립
1388	위화도 회군		
1392	고려 멸망, 조선 건국	1392	일본, 무로마치 막부의 요시미쓰가 남북조 통일
1394	한양 천도. 정도전,《조선경국전》편찬		
1398	토지조사 사업 실시. 1차 왕자의 난		
1400	2차 왕자의 난. 정종, 방원에게 왕위 계승	1405	명, 정화의 남해 원정(~1433)
1413	지방 행정조직 완성. 호패법 제정		
1418	세종 즉위		
1419	이종무, 쓰시마 섬 정벌		
1429	정초,《농사직설》지음	1428	중앙아메리카의 아스텍 문명, 중앙 멕시코 지배
1433	4군 설치		
1437	6진 설치		
1441	측우기 제작		
1443	훈민정음 창제	1440년경	남아메리카의 잉카, 안데스 지역 정벌로 제국 성립
1445	〈용비어천가〉완성		
1446	훈민정음 반포		
1455	수양대군, 정권 장악	1453	오스만 투르크, 콘스탄티노플 점령
		1455	영국, 장미 전쟁(~1485)
1456	사육신 처형	1460년경	마야 문명 멸망
		1467	일본, 전국 시대 시작
		1492	에스파냐의 콜럼버스, 서인도 제도에 도착
1485	《경국대전》완성	1498	포르투갈의 바스코 다 가마, 인도의 캘리컷에 도착
1506	중종반정	1502	페르시아, 사파비 왕조 성립
		1517	독일, 루터의 종교 개혁 시작
1519	향약 실시. 조광조 죽음(기묘사화)	1519	에스파냐의 마젤란, 세계일주(~1522)
		1521	에스파냐, 멕시코 정복, 아스텍 제국 멸망

한국사 연표		세계사 연표	
		1526	바부르, 북인도에 무굴 제국 건설
		1529	오스만 제국, 신성 로마 제국의 수도 빈 공격
1543	최초의 서원인 백운동 서원 설립	1533	에스파냐의 피사로, 잉카 제국 정복
		1543	코페르니쿠스, 지동설 발표
		1545	에스파냐, 포토 시(지금의 볼리비아 남부) 은광 개발
		1562	프랑스, 위그노 전쟁(~1598)
1559	임꺽정의 난 발생(~1562)	1565	핀, 에스파냐의 침략 시작
		1578	명, 포르투갈인에게 광둥 무역 허용
1583	이이, 10만 양병설 건의	1580	에스파냐, 포르투갈 합병(~1640)
		1590	도요토미 히데요시, 일본 통일
1592	임진왜란	1592	일본, 조선 침략(임진왜란)
1597	정유재란		
1610	허준, 《동의보감》 완성. 경기도에 대동법 시행	1600	영국, 동인도 회사 설립
		1603	일본, 에도 막부 수립
1623	인조반정	1616	만주족(여진족)의 누르하치, 후금 건국
1627	이괄의 난. 정묘호란	1618	독일, 30년 전쟁(~1648)
1636	병자호란	1636	후금, 국호를 청으로 고침, 조선 침략
		1642	영국, 청교도 혁명
		1643	프랑스, 루이 14세 즉위, 절대 왕정기
1678	상평통보 주조	1644	명 멸망, 청이 중국 지배
1708	전국적인 대동법 시행	1661	청, 강희제 즉위
1712	백두산정계비 건립		
1725	영조, 탕평책 실시	1688	영국, 명예혁명
		1701	프로이센 왕국 성립
1750	균역청 설치, 균역법 실시	1715	청, 광둥에 영국 동인도회사가 상관 설치
1758	천주교의 확산 엄금	1735	청, 건륭제 즉위(~1795)
1763	고구마 전래	1740	오스트리아 왕위 계승 전쟁(~1748)
		1759	청, 위구르족 평정 후 신강(신장)으로 개칭
		1760년경	영국, 산업혁명 시작
1776	규장각 설치		
1786	서학을 금함	1776	미국, 독립 선언
1791	정조, 금난전권 폐지		
1792	정약용, 거중기 발명	1779	카자르 왕조, 페르시아 통일
1796	화성 완성	1789	프랑스, 프랑스 혁명, 인권 선언
		1796	청, 백련교의 난(~1804)
1805	안동 김씨, 세도정치 시작(~1863)	1803	일본, 미국 배가 나가사키에서 통상 요구
		1804	프랑스의 나폴레옹, 황제 즉위, 법전 제정
		1805	이집트, 무함마드 알리 집권(~1840)
1808	함경도 북청에서 민란 발생	1814	빈 회의(~1815)
1811	홍경래의 난(~1812)		
1818	정약용, 《목민심서》 지음		
1831	천주교 조선 교구 설치	1823	미국, 먼로주의 선언
		1825	영국, 세계 최초 철도 개통
		1827	알제리, 프랑스의 침략
		1830	프랑스, 7월 혁명
		1833	오스만 제국, 이집트 자유 독립 승인

한국사 연표		세계사 연표	
1846	최초의 한국인 신부 김대건 순교	1834	독일, 관세동맹 성립
		1838	영국, 차티스트 운동
		1840	청, 아편 전쟁(· 1842)
		1842	청, 영국과 난징조약 체결, 영국에 홍콩 할양
		1848	마르크스 · 엥겔스, 〈공산당 선언〉 발표
		1850	청, 태평 천국 운동(~1864)
		1856	청, 애로우 호 사건(~1860)
		1857	인도, 세포이 항쟁(~1858)
		1858	일본, 미 · 일 수호 통상 조약 체결
		1859	다윈, 《종의 기원》 출판
1860	최제우, 동학 창시	1860	청, 영 · 프 연합군이 베이징 점령, 양무 운동
1861	김정호, 대동여지도 간행	1861	미국, 남북전쟁(~1865). 러시아, 농노 해방령 발표중국, 양무운동
1865	경복궁 중건(~1872)		
1866	제너럴셔먼호 사건. 프랑스와 전쟁(병인양요)	1868	일본, 메이지 유신
		1869	수에즈 운하 개통
1871	미국과 전쟁(신미양요). 척화비 세움	1871	독일, 빌헬름 1세 독일 황제에 취임(독일제국 성립)프랑스, 파리 코뮌 성립
1875	운요 호 사건		
1876	일본과 강화도조약 체결		
1881	일본에 조사 시찰단 · 청에 영선사 파견. 척사운동 전개		
1882	임오군란. 청의 간섭 강화	1882	삼국 동맹 성립(~1915)
1883	〈한성순보〉 발간. 원산학사 설립		
1884	우정국 설치. 갑신정변	1884	청 · 프 전쟁(~1885)
1885	서양식 병원(광혜원) 설립영국, 거문도 불법 점령 (~1887)	1885	청 · 프 톈진 조약 체결
1888	민란의 전국적 확산	1889	일본, 제국 헌법(메이지 헌법) 발표
1889	함경도, 곡식 수출 금지(방곡령)		
1894	동학농민운동. 청 · 일 전쟁 발발.갑오개혁 추진	1894	청 · 일 전쟁(~1895)
1895	을미사변. 단발령. 항일 의병 운동		
1896	양력 사용. 아관파천. 〈독립신문〉 창간. 독립협회 창립		
1897	대한제국 선포		
1898	만민공동회 운동. 독립협회 해산.		
1899	대한제국 수립. 최초의 철도(경인선) 개통. 경복궁에 전등 설치		
1900	활빈당 활동	1902	러시아, 시베리아 철도 개통
1904	러 · 일 전쟁. 한일의정서 체결. 경부선 준공	1904	일본, 러 · 일 전쟁(~1905)
1905	을사조약 체결. 항일 의병운동 재개	1905	이란, 입헌 혁명. 인도, 벵골 분할령 발표러시아, 피의 일요일 사건
1906	대한자강회 조직. 최익현 · 신돌석 의병 봉기	1906	인도, 스와데시 · 스와라지 운동
1907	국채보상운동 전개. 헤이그 특사 파견. 군대 해산. 신민회 결성	1907	영 · 프 · 러, 삼국 협상 성립
1908	동양척식주식회사 설립	1908	오스만 제국, 청년 투르크 당 혁명, 최초의 의회 성립
1909	안중근, 이토 히로부미 사살. 나철, 대종교 창시	1909	오스만 제국, 무스타파 케말의 혁명, 해방군이 이스탄불 장악

한국사 연표		세계사 연표	
1910	한일합방	1910	멕시코 혁명(~1917)
1912	임병찬, 대한 독립의군부 조직.토지 조사 사업 실시 (~1918)	1911	청, 신해혁명
		1912	중화민국 성립. 쑨원, 임시 대총통에 취임
1915	대한광복회 조직	1914	사라예보 사건, 제1차 세계대전 발발(~1918)
1919	3·1 운동. 대한민국 임시정부 수립. 의열단 조직	1915	일본, 제1차 세계대전 참전
1920	봉오동과 청산리에서 일본군 격파. 조만식, 조선물산 장려회 조직. 〈조선일보〉·〈동아일보〉 창간	1917	러시아 혁명
		1918	제1차 세계대전 종식.미국의 윌슨 대통령, 14개조 평화 원칙 발표
1922	이광수,〈민족 개조론〉발표. 어린이날 행사 진행	1919	중국, 5·4 운동. 베르사유 조약. 인도, 간디의 비폭력·무저항 운동
1923	물산장려운동 전개. 일본, 관동에서 조선인 대학살	1921	중국, 공산당 창당
		1922	소비에트 사회주의공화국연방(소련) 수립
1925	조선 공산당 결성		
1926	6·10 만세 운동. 나석주, 동양 척식주식회사에 폭탄 던짐. 경성제국대학 개교.	1924	중국, 제1차 국공 합작(~1927)
1927	신간회 결성	1927	중국의 장제스, 난징에 국민정부 수립
1929	광주학생 항일운동	1928	인도의 네루, 인도독립연맹 결성
1931	일제의 만주 침략.〈동아일보〉, 브나로드 운동 전개 (~1934)	1929	미국, 대공황(~1932)
1932	이봉창과 윤봉길 의거	1930	호찌민, 베트남 공산당 창당
1933	한글 맞춤법 통일안 제정.조선 총독부, 농촌진흥운동 시작	1931	일본, 만주사변 일으킴
		1933	미국, 뉴딜 정책(~1936)
		1934	중국, 장제스 공산당 토벌
1936	손기정, 베를린 올림픽 대회 마라톤 우승.〈동아일보〉일장기 말살 사건	1936	에스파냐, 인민전선정부 수립.파시스트 반란으로 내전(~1939)
1937	중·일 전쟁 시작. 신사 참배 강요.	1937	일본 노구교 사건으로 중·일 전쟁. 중국, 제2차 국공합작. 일본의 난징 대학살
1938	김원봉 등 조선 의용대 조직. 한글 교육 금지	1938	일본, 국가 총동원법 발령, 중국 상하이에 종군 위안소 설치
1939	국민 징용령(~1945년, 45만 명 연행)	1939	제2차 세계대전 발발(~1945)
1940	한국광복군 창설. 일제식 성명 강요 실시. 〈조선일보〉·〈동아일보〉 폐간		
1941	임시정부, 건국강령 발표 및 대일 선전 포고		
1942	조선독립동맹 및 조선의용군 결성. 조선어 학회 사건		
1943	일제, 징병제·학병제 실시	1941	일본, 하와이 진주만 공격(태평양 전쟁 발발)
1944	일제, 정신대 근무령 공포 및 시행. 여운형, 건국동맹 결성		
1945	해방. 미·소 군정 실시.모스크바 3국 외상 회의 개최	1945	얄타 회담. 독일 항복. 유엔 성립.미국, 일본에 원자폭탄 투하
1946	38선 이북 통행금지. 좌·우합작 회담 시작	1946	필리핀 공화국 수립
1947	제2차 미·소 공동 위원회 개최. 여운형 피살	1947	미국, 트루먼 독트린·마셜 계획 발표.유엔 총회, 팔레스타인 분할안 가결
1948	김구, 남북협상 제의. 제주 4·3항쟁 시작. 유엔 감시하에 남한 총선거 실시	1948	제1차 아랍·이스라엘 전쟁(~1949), 이스라엘 건국
1949	반민족 행위 특별조사위원회(반민특위) 발족. 김구 순국	1949	중화인민공화국 수립. 인도네시아공화국 수립

한국사 연표		세계사 연표	
1950	6·25 전쟁 발발		
1951	소련 유엔 대표, 38도선 정전 회담 제의	1954	일본, 미·일 상호방위원조협정 조인, 자위대 발족
1953	휴전협정 조인. 한·미 상호방위조약 체결		
1954	국회, 개헌안 사사오입 통과(사사오입 개헌)		
1956	제3대 대통령에 자유당 이승만, 부통령에 민주당 장면 당선. 북한, 천리마 운동 시작	1955	제1회 아시아·아프리카 회의(반둥 회의) 개최
		1956	이집트 나세르 대통령, 수에즈 운하 국유화
		1957	소련, 세계 최초의 인공위성 스푸트니크 1호 발사. 쿠바 혁명
		1959	중국·인도 국경 분쟁
1960	제4대 대통령 이승만, 부통령 이기붕 당선. 4·19 혁명	1960	나이지리아 독립
1961	5·16 군사 정변	1962	알제리 독립
1963	박정희 대통령 당선		
1964	한·일회담 반대 시위. 미터법 실시	1964	팔레스타인 해방기구(PLO) 결성
1965	한·일 협정 조인, 일본과 국교 정상화. 베트남에 전투병 파병	1965	베트남 전쟁 발발 (~1975)
1968	국민교육헌장 반포	1966	중국, 문화대혁명 (~1977)
		1967	동남아시아 국가 연합(ASEAN) 결성
		1968	체코슬로바키아 민주화 서어·수립군 개입(교리키의 봄)
1969	3선 개헌 국민투표 법안 변칙 통과	1969	아라파트, PLO 의장에 취임미국, 베트남 반전 시위
1970	경부고속도로 개통. 새마을 운동 시작.	1973	칠레, 아옌데 정권 붕괴, 피노체트 독재
1972	7·4 남북공동성명 발표, 유신 헌법 확정		제1차 석유 파동 (~1974)
1979	부·마 항쟁, 박정희 대통령 피격 사망		
1980	5·18 민주화 운동	1982	이스라엘, 레바논 침공
1981	전두환, 대통령 당선	1986	소련, 체르노빌 원자력 발전소 방사능 누출 사고
1987	6월 민주 항쟁		
1988	노태우, 대통령 당선. 서울 올림픽 개최	1988	팔레스타인, 독립국 선언. 소련, 고르바초프의 개혁
		1989	중국, 텐안먼 사건. 아시아태평양 경제협력체 (APEC) 결성, 베를린 장벽 붕괴, 루마니아 공산정권 붕괴 몰타 정상회담(냉전종결 선언)
1990	소련과 국교 수립	1990	독일 통일. 폴란드, '연대' 지도자 바웬사 대통령에 당선
1991	유엔 총회, 남북한 유엔 동시 가입	1991	유고 내전, 걸프 전쟁, 발트 3국 독립
1992	중국과 국교 수립, 김영삼 대통령 당선	1992	구 소련 해체, 동유럽 공산권 붕괴
1993	금융실명제 실시. 북한, 핵 확산 금지 조약(NPT) 탈퇴	1993	우루과이 라운드 타결, 유럽연합 출범
1994	북한, 김일성 주석 사망. 북·미 제네바 핵 합의	1994	북·미자유무역협정(NAFTA) 출범, 러시아, 체첸 침공
		1995	세계무역기구(WTO) 출범
1997	외환위기, IMF 자금 지원	1997	영국, 중국에 홍콩 반환. 아시아 경제 위기
1998	김대중 대통령 취임	1998	유고, 코소보 사태
		1999	포르투갈, 중국에 마카오 반환유럽 단일 통화(유로화) 출범
2000	남북정상회담, 6·15 남북공동 선언 발표	2001	미국, 9·11 테러
2002	한·일 월드컵 개최		
2003	노무현 대통령 취임		

한국사 연표		세계사 연표	
2004	노무현 대통령 탄핵	2009	미국, 버락 오바마 대통령 취임(~2017)
2008	이명박 대통령 취임	2011	일본, 후쿠시마 원전 참사
2013	박근혜 대통령 취임		
2017	박근혜 대통령 탄핵	2017	미국 도널드 트럼프 대통령 취임
2017	문재인 대통령 취임	2021	존 바이든 미국 대통령 취임

퀴즈로 한국사 통달

가로세로 낱말 퍼즐 : 한국사편

단한권의책 엮음 | 133쪽 | 값 8,900원

우리 역사의 소중함, 낱말 퍼즐로 되새겨보
자! 한국사를 배우기 시작한 십대부터 입시
준비 중인 수험생, 한국사를 교양으로 알고
싶은 남녀노소 누구나 가벼운 마음으로 쉬엄
쉬엄 즐길 수 있는 책이다.

퀴즈로 세계 여행

가로세로 낱말 퍼즐 : 세계사편

단한권의책 지음 | 140쪽 | 값 8,900원

세계사 퍼즐에 일반 상식이 덤으로! 맛있는
음식을 먹고, 자유롭게 돌아다니며 새로운 것
을 구경하는 여행의 즐거움에 아는 만큼 보
이게 해주는 속 깊은 지식까지 한 권에 담아
냈다.

품격을 높이는 세계사

발행일 ㅣ 2021년 12월 31일
편저자 ㅣ 남원우
펴낸이 ㅣ 장재열
펴낸곳 ㅣ 단한권의책
출판등록 ㅣ 제25100-2017-000072호 (2012년 9월 14일)
주소 ㅣ 서울시 은평구 서오릉로 20길 10-6
팩스 ㅣ 070-4850-8021
이메일 ㅣ jjy5342@naver.com
블로그 ㅣ http://blog.naver.com/only1books
ISBN ㅣ 979-11-91853-07-1 03900
값 ㅣ 12,500원